ESTRATÉGIA E TÁTICA

MARTA HARNECKER

ESTRATÉGIA E TÁTICA

2ª edição
Expressão Popular
São Paulo – 2012

Copyright © 2004, by Editora Expressão Popular

Tradução: Aton Fon, Adilson Oliveira Lucena, Ângela Telma Oliveira Lucena e
Geraldo Martins de Azevedo Filho
Revisão: Geraldo Martins de Azevedo Filho
Projeto gráfico, capa e diagramação: ZAP Design
Ilustração da capa: P. Chillingovski - Jornadas de julho em Petrogrado
Impressão e acabamento: Paym

H289e	Harnecker, Marta Estratégia e tática / Marta Harnecker. –2. ed. –São Paulo : Expressão Popular, 2012. 128 p. Livro indexado em Geodados. http://www.geodados.uem.br ISBN 85-87394-44-4 1. Democracia. 2. Revolução democrática. . 3. Estratégia política. I. Título.

CDD 21. ED. 320.5315

ELIANE M. S. JOVANOVICH CRB 9/1250

Todos os direitos reservados.
Nenhuma parte deste livro pode ser utilizada
ou reproduzida sem a autorização da editora.

2ª edição: julho de 2012
1ª reimpressão: janeiro de 2023

EDITORA EXPRESSÃO POPULAR
Rua Abolição, 197 – Bela Vista
CEP 01319-010 – São Paulo – SP
Tel: (11) 3112-0941 / 3105-9500
livraria@expressaopopular.com.br
www.expressaopopular.com.br
🅵 ed.expressaopopular
🅾 editoraexpressaopopular

SUMÁRIO

APRESENTAÇÃO...7
Ricardo Gebrim

I – CORRELAÇÃO DE CLASSES

1. FORÇAS SOCIAIS..13

2. CORRELAÇÃO DE CLASSES NAS REVOLUÇÕES
DE 1905 E 1907..19

3. CORRELAÇÃO DE CLASSES............................25

4. ALGUNS ASPECTOS DO PROBLEMA DA
CORRELAÇÃO DE CLASSES NA AMÉRICA LATINA......................33

II – ESTRATÉGIA POLÍTICA

1. ESTRATÉGIA E CORRELAÇÃO DE CLASSES................................41

2. ESTRATÉGIA LENINISTA DEPOIS DO
TRIUNFO DE OUTUBRO DE 1917........................43

3. A ESTRATÉGIA NO TERRENO MILITAR................................59

4. O CONCEITO POLÍTICO DE ESTRATÉGIA................................65

III – CORRELAÇÃO DE FORÇAS

1. ANÁLISE DA CORRELAÇÃO DE FORÇAS EM
DIFERENTES CONJUNTURAS POLÍTICAS......................77

2. CRITÉRIOS PARA DETERMINAR A
CORRELAÇÃO DE FORÇAS................................87

IV – TÁTICA POLÍTICA

1. TAREFAS POLÍTICAS E SITUAÇÃO CONCRETA.........................93

2. DOIS EXEMPLOS HISTÓRICOS...99

3. O CONCEITO POLÍTICO DE TÁTICA 109

V – A ARTE DA POLÍTICA E O ELO DECISIVO

1. O ELO DECISIVO...117

2. FLEXIBILIDADE NA CONDUÇÃO POLÍTICA..............................123

APRESENTAÇÃO

RICARDO GEBRIM

"Se um homem não sabe a que porto se dirige, nenhum vento lhe será favorável!" A frase é atribuída a Lucius Annaeus Seneca (4 a.C.-65 d.C.). O ensinamento não difere muito de Paulo de Tarso, em sua Carta aos Gálatas, quando insiste na importância de identificar em cada momento histórico qual o inimigo principal a ser derrotado. Todos repetem o mesmo ensinamento, incorporado à sabedoria popular: "quem não sabe contra quem luta jamais poderá vencer".

Definir objetivos e elaborar planos que permitam atingir o objetivo proposto tem sido uma das principais preocupações de todos os lutadores que buscam o caminho das transformações sociais.

Os conceitos de estratégia e tática são de origem militar. Sun Tzu, célebre general chinês que viveu no século V a. C. elaborou um extraordinário tratado intitulado *A arte da guerra*, onde já alertava: "Na guerra, primeiro elabore os planos que assegurarão a vitória e só então conduza teu exército à batalha, pois quem não inicia pela construção da estratégia, dependendo apenas da sorte e da força bruta, jamais terá a vitória assegurada".

As guerras napoleônicas introduziram grandes avanços na concepção militar. Com a formação dos Estados nacionais, os exércitos adquiriram um caráter "massivo" e a questão do movimento e da disposição das tropas passou a ser o elemento definidor das vitórias. Combinar as forças das diferentes armas (artilharia, infantaria, cavalaria, marinha) e assegurar a logística (transporte, alimentos, munições, uniformes) passaram a ser objeto de estudo e de análise

APRESENTAÇÃO

científica. É nesse momento que os conceitos de estratégia e tática ganham definição e passam a ser amplamente utilizados entre os militares, graças à obra de Clausewitz.

Karl von Clausewitz (1780-1831) era um militar prussiano, veterano de vinte anos de combates, sobrevivente das batalhas napoleônicas de Iena, Borodino e Waterloo. Seu livro mais importante, chamado justamente *Da guerra*, será a principal obra teórica sobre objetivos e conceitos militares. Ele definirá "a tática enquanto a teoria relativa à utilização das forças armadas na ação bélica. Em outras palavras, tática é a atividade que consiste em ordenar e dirigir os diferentes choques que ocorrem no curso de uma guerra". Já estratégia "é a atividade que consiste em coordenar entre si os diferentes choques bélicos, em função da guerra". Resumidamente, para Clausewitz, a tática militar trata da utilização das forças armadas na batalha e a estratégia trata da coordenação das batalhas a serviço da guerra.

O emprego dos conceitos de estratégia e tática na linguagem política ocorre na época das revoluções burguesas. No texto, "A futura revolução italiana e o Partido Socialista", de 1894, Engels recorre ao conceito de tática, afirmando: "A partir de 1848, a tática que com mais frequência assegurou êxito aos socialistas foi a do *Manifesto Comunista*". Ao explicar no mesmo artigo qual é a tática do *Manifesto Comunista*, Engels esclarece o uso do conceito:

> Os socialistas tomam parte ativa em cada fase da evolução pela qual passa a luta entre o proletariado e a burguesia, sem jamais perder de vista que essas fases não são senão etapas que conduzem ao grande objetivo principal: a conquista do poder político pelo proletariado, como meio de reorganização social. Seu lugar está entre os combatentes por qualquer êxito imediato em benefício da classe operária.

E mais adiante:

> Por isso, consideram que todo movimento progressista ou revolucionário é um passo na direção de sua própria marcha: sua missão especial é estimular os outros partidos revolucionários e, em caso

de vitória de um deles, salvaguardar os interesses do proletariado. Esta tática, que jamais perde de vista o grande objetivo, preserva os socialistas contra as desilusões a que estão sujeitos, infalivelmente, os outros partidos que tomam uma simples etapa como meta final do movimento.

Até a Revolução Russa, em 1917, o conceito de tática era utilizado em dois sentidos: tanto no sentido que o termo possui atualmente, quanto no sentido com que empregamos o conceito de estratégia. Eis porque, conforme explica Marta Harnecker, a obra de Lenin intitulada *Duas táticas da social-democracia na revolução democrática* poderia ser chamada de "Duas estratégias da social-democracia na revolução democrática".

Obrigados a enfrentar um grande cerco contrarrevolucionário a partir de 1917, patrocinado pelas nações capitalistas mais poderosas, os bolcheviques dedicaram-se ao estudo da teoria militar e se apropriaram de sua terminologia, utilizando, desde então, os conceitos de estratégia e tática em documentos, manuais e programas políticos.

Além de principal teórica do marxismo na América Latina, Marta Harnecker, com mais de 50 livros publicados, vem difundindo o marxismo, as experiências de lutas e os conceitos teóricos das concepções transformadoras. Seus livros e cadernos de formação marcaram profundamente toda a geração revolucionária de nosso continente a partir dos anos de 1970.

Publicado em 1986, *Estratégia e tática* é um instrumento eficaz de análise e arma de combate na elaboração da teoria revolucionária. Nenhum conceito é apresentado abstratamente; seu esforço em exemplificar resgata, a cada capítulo, experiências acumuladas e desafios concretos enfrentados pela luta revolucionária.

Fevereiro de 2004

I – CORRELAÇÃO DE CLASSES

1. FORÇAS SOCIAIS

As forças sociais que se enfrentam e como elas se agrupam

Para compreender uma situação política e conduzir corretamente o movimento revolucionário, deve-se "começar por fazer um estudo, com a maior exatidão e tão serenamente quanto possível, das forças que se enfrentam", diz Lenin, acrescentando que é necessário se perguntar: "Quais são essas forças? Como estão agrupadas umas contra outras? Que posições ocupam no presente? Como atuam?"

Somente quando a vanguarda souber "apreciar essas forças corretamente e com absoluta serenidade", independente de suas "simpatias e desejos", poderá extrair as conclusões corretas quanto à sua "política em geral" e suas "tarefas imediatas em particular".[1]

Vejamos agora como Lenin põe em prática esses conselhos quando analisa a situação russa em plena revolução de 1905.

Devemos nos lembrar de que, naquela época, todos os dirigentes social-democratas daquele país caracterizavam a revolução, do ponto de vista econômico-social, como uma "revolução burguesa". Todos acreditavam que, tanto as transformações democráticas do regime político, quanto as transformações econômico-sociais exigidas pela situação do país não pressupunham um rompimento com o capitalismo, mas, ao contrário, um desenvolvimento mais vasto e acelerado deste. Mas as coincidências chegavam até este ponto. Quando se

---

[1] Lenin, "Discurso pronunciado no Congresso de toda a Rússia dos operários do transporte", (27 de março de 1921), t. 35, p. 126.

abordava o tema das forças sociais capazes de conduzir a revolução à vitória, as respostas eram divergentes.

O problema-chave a se esclarecer era se a burguesia russa podia ser considerada o "motor principal" da revolução burguesa, como foi nas revoluções burguesas do século XIX nos países mais desenvolvidos da Europa. Para evitar uma resposta mecanicista: "Se o conteúdo econômico-social da revolução é burguês, seu principal motor não pode ser senão a burguesia", era necessário começar a analisar as classes que se enfrentavam, tanto no terreno político quanto no econômico, contra a autocracia tsarista, isto é, que classes tinham contradições profundas com as reminiscências feudais, tanto no âmbito das relações de produção quanto no âmbito da superestrutura política. Essas classes eram a burguesia industrial, o proletariado, o campesinato e a pequena burguesia urbana.

Para determinar o comportamento que assumiria cada uma delas não era suficiente, contudo, conhecer suas contradições com o regime existente; era necessário conhecer também como estavam agrupadas umas contra outras, que grau de consciência de classe tinha cada uma delas e como a situação de uma influía na outra. Para determinar o papel que a burguesia pode desempenhar na revolução burguesa não basta chegar à conclusão de que essa classe está contra as reminiscências feudais que impedem o seu desenvolvimento como classe. De fato, a atitude da burguesia dependerá do grau de maturidade alcançado pelo proletariado.

Se o proletariado já chegou ao ponto de "ter consciência de si próprio como classe" e se já conseguiu "unir-se em uma organização de classe independente", é lógico que esteja disposto a utilizar todas as conquistas da democracia "para reforçar sua organização de classe contra a burguesia". Isso determina, por sua vez, a conduta da burguesia frente à revolução.

O antagonismo crescente entre a burguesia e a classe operária obriga a burguesia "a conservar determinados meios e instituições do velho poder, para usá-los contra o proletariado". Em tais circunstâncias, a burguesia não pode permitir que a revolução "seja levada até o fim", o que significa permitir que o proletariado realize a luta de classes com total liberdade.[2]

A atitude da burguesia diante da revolução dependerá também do movimento camponês. E, de fato, a particularidade mais acentuada da revolução russa de 1905 foi "o acirramento do problema agrário", transformado no grande problema do país. A luta pela terra forçosamente empurra enormes massas camponesas para a revolução democrática e a condição para sua vitória é a destruição total da propriedade latifundiária.

O conceito de forças sociais

É, portanto, o contexto político e de relações mútuas, no qual se encontram as diferentes classes sociais, que Lenin considera para diagnosticar o papel que cada uma das classes desempenha na revolução em marcha e como elas irão evoluindo à medida que a revolução avança.

Sua análise mais completa encontra-se em *Duas táticas da social-democracia na revolução democrática*, escrito em meados de 1905,[3] com o objetivo de "esclarecer as tarefas concretas do proletariado social-democrata na revolução democrática". Para isso, é necessário estudar "a combinação objetiva da ação das diferentes forças sociais" deixando de lado "as forças da política exterior e das combinações internacionais", já que se trata das "forças sociais interiores".

Antes de continuar, devemos chamar a atenção do leitor para o fato de que, quando Lenin realiza uma análise conjuntural, geralmente não trata de classes, mas de forças sociais. Isso se deve a que, neste âmbito, o que conta não é o que chamamos situação de

---

[2] Lenin, "V Congresso do POSDR", (12 de maio de 1907), t. 12, p. 438.
[3] Lenin, "Duas táticas da social-democracia na revolução democrática", t. 9, p. 43-56 e t. 12, p. 88-99.

classe, mas a posição de classe, posição que tanto as classes quanto os grupos sociais expressam quando assumem determinadas posições de classe.

Expliquemos: em política, o que deve ser considerado não é a existência de determinadas classes, mas sua disposição de lutar por seus interesses de classe. Na Europa do início da Primeira Guerra Mundial, a classe operária era numericamente majoritária nos países mais avançados, mas, salvo raras exceções, ao cair em posições social-chauvinistas, não representava, naquela conjuntura política, uma força social proletária, mas uma força burguesa. Sua força se somava à da burguesia em um esforço comum em prol da "defesa da pátria", que não era senão a defesa da pátria para os burgueses.

Na Rússia de fevereiro de 1917, embora os sovietes tivessem como sua composição dominante a classe operária, o fato de que a maior parte deles assumisse a defesa do governo provisório e apoiasse majoritariamente os mencheviques[4] e os socialistas revolucionários[5] durante os primeiros meses da segunda revolução russa, transformou esses órgãos de poder popular em órgãos que expressavam e defendiam os interesses da pequena burguesia. Naquele momento, não representavam uma força proletária, mas representavam uma força pequeno-burguesa.

O que define as coisas em política, portanto, não é a superioridade numérica de uma determinada classe, mas a disposição de lutar por determinados interesses de classe. Constituem uma força social-proletária todos aqueles operários com consciência de classe que lutam por seus interesses de classe; mas também fazem parte dessa força social-proletária todos aqueles outros setores sociais que assumem, na luta, posições proletárias de classe (sejam pequeno-bur-

---

[4] Fração minoritária do POSDR que começou a se estruturar no II Congresso desse partido em 1903 e representava as posições de direita.
[5] Partido que representava os interesses do campesinato russo.

gueses ou mesmo burgueses).[6] Essa força social-proletária enfrenta, no cenário político, outras forças sociais: burguesas, latifundiário--feudais ou pequeno-burguesas. Cada uma delas, por sua vez, está constituída pelos seus setores mais ativos e por aqueles setores sociais que assumem a defesa desses interesses de classe.

Portanto, se bem que se deva determinar teoricamente, "mediante a análise marxista da realidade" de cada país, quais seriam potencialmente as classes e setores sociais que estariam objetivamente interessados em dar impulso à revolução, é na prática[7] política concreta que se podem definir as forças sociais reais com as quais o processo revolucionário pode contar.

No primeiro caso trata-se da correlação de classes possível; no segundo, da correlação de classes real.

---

[6] Ver Lenin, "II Congresso da Internacional Comunista", (6 de agosto de 1920), t. 33, p. 381 e "Condições de admissão de novos membros ao Partido", (26 de março de 1922), t. 36, p. 189.

[7] Lenin, "Duas táticas da social-democracia...", *Op. cit.*, p. 50.

2. CORRELAÇÃO DE CLASSES NAS REVOLUÇÕES DE 1905 E 1907

Revolução de 1905: distribuição de forças e papel da burguesia

Dada esta explicação, vejamos quais são as forças sociais que ocupam o cenário político no qual Lenin desenvolve sua análise. Podemos distinguir três forças claramente diferenciadas: a) a autocracia, a corte, a polícia, o funcionalismo, o exército e o grupo da alta aristocracia; b) a grande burguesia, os latifundiários e os industriais; c) o povo formado pelos camponeses, a pequena burguesia urbana, a pequena burguesia rural e o proletariado.

A primeira força é eminentemente contrarrevolucionária, embora a marcha ascendente da revolução pudesse, segundo Lenin, produzir vacilações dentro do exército e do funcionalismo.

A segunda força não pode desenvolver uma luta decidida contra o tsarismo porque sua sobrevivência como classe depende do Estado. É favorável à revolução somente de uma maneira inconsequente; e passará à contrarrevolução tão logo sejam satisfeitos seus interesses estreitos e egoístas.

Lenin exclui a grande burguesia, os latifundiários e os industriais das "forças sociais reais que enfrentam o 'tsarismo' (que é uma força real e perceptível para todos) e que são capazes de obter a 'vitória decisiva' sobre o mesmo".

> Sabemos – diz – que são incapazes, por sua posição de classe, de desenvolver uma luta decisiva contra o tsarismo: a propriedade privada, o capital e a terra são um lastro muito pesado para ir à luta decisiva. Têm muita necessidade do tsarismo – com suas forças policiais, burocráticas e militares, que empregam contra o proletariado e os camponeses – para que possam desejar sua destruição.

A terceira força é a única força capaz de uma luta resoluta contra o regime.

> A força capaz de obter a 'vitória decisiva' sobre o tsarismo – afirma – só pode ser o povo, ou seja, o proletariado e os camponeses, se considerarmos as forças fundamentais e incluirmos nelas a pequena burguesia rural e a pequena burguesia urbana (também parte do 'povo').

Porém, dentre elas,

> somente o proletariado é capaz de marchar com segurança até o fim, pois vai muito além da revolução democrática [...]. Entre os camponeses há, ao lado dos elementos pequeno-burgueses, uma massa de elementos semiproletários. Isso os torna instáveis e obriga o proletariado a se reunir em um partido rigorosamente classista.

Mas a instabilidade do camponês é diferente da instabilidade da burguesia, porque o camponês está interessado em se apossar das terras dos latifundiários e, por isso, "os camponeses são suscetíveis de atuar como os mais genuínos e radicais partidários da revolução democrática". Isso ocorre quando o proletariado demonstra mais força que a burguesia.

De suas análises, Lenin conclui que a burguesia industrial, na Rússia de 1905, não pode ser o "motor principal" nem a força dirigente dessa revolução burguesa em curso, como foram as burguesias dos países europeus nas revoluções do século XIX, mas que, ao contrário, a revolução alcançará sua maior envergadura justamente quando a burguesia "lhe der as costas e as massas camponesas atuarem como força revolucionária ao lado do proletariado".

Ao estudar as características das três forças políticas que se enfrentam nessa conjuntura, Lenin chega à conclusão de que a revolução democrática só pode ser levada até o fim por uma determinada união de classes: se o proletariado consegue atrair "as massas camponesas para aniquilar pela força a resistência da autocracia e contrabalançar a instabilidade da burguesia".

Lenin esclarece que, para o proletariado e o campesinato obterem uma vitória decisiva, deverão "se apoiar inevitavelmente na força das armas, nas massas armadas". Sem isso, "será impossível esmagar essa resistência, rechaçar os propósitos contrarrevolucionários". Tal imposição pela força das armas é o que Lenin denomina "ditadura revolucionária democrática do proletariado e do campesinato".

Por outro lado, os mencheviques, embora proclamassem defender uma política independente do proletariado, consideravam, de fato, que cabia à burguesia dar impulso à revolução e que esta classe, a burguesia, era "o fator determinante de sua amplitude". Estavam convencidos de que, se a burguesia se afastasse, diminuiria o alcance da revolução, motivo pelo qual recomendavam não assustá-la. Avaliavam que o proletariado não podia dirigir uma revolução burguesa e que, portanto, devia atuar como oposição extrema, sem aspirar à conquista do poder. Por isso, rechaçavam "terminantemente a ideia da ditadura democrático-revolucionária do proletariado e do campesinato".[1]

Desde os primeiros momentos da revolução, Lenin via claramente que, se não se conseguisse uma vitória decisiva, isto é, se não se conseguisse implantar essa ditadura que os mencheviques rechaçavam, as coisas terminariam com "um acordo entre o tsarismo e os elementos mais 'inconsequentes' e 'egoístas' da burguesia". E foi o que ocorreu. A revolução, que teve seu ponto máximo na insurreição de Moscou em dezembro de 1905, foi definitivamente aniquilada em meados de 1907.

> O que faltou a esse movimento – afirma Lenin em um informe que fez sobre essa revolução para a juventude operária suíça, poucas semanas antes da imprevista explosão da segunda revolução russa – foi, por um lado, firmeza e resolução por parte das massas, que sofriam de excesso de confiança; e, por outro lado, faltou organização aos operários revolucionários social-democratas que se encontravam em armas: não souberam tomar a direção em suas mãos, assumir a liderança do exército revolucionário e lançar uma ofensiva contra o poder governamental.[2]

---

[1] Lenin, "Atitude sobre a revolução de 1905", (antes de 9 de janeiro de 1917), t. 12, p. 468.
[2] Lenin, "Informe sobre a revolução de 1905, t. 24, p. 267.

Correlação de classes entre fevereiro e outubro de 1917

Vejamos, em seguida, como Lenin analisa o problema da correlação de classes entre fevereiro e outubro de 1917.

Foram três, segundo ele, as forças sociais fundamentais que dominaram o cenário político durante o período de turbulência revolucionária que terminou com a derrota do tsarismo: primeira força – a monarquia tsarista, liderança dos latifundiários feudais, da velha burocracia e da casta militar; segunda força – a Rússia burguesa e latifundiária dos outubristas e cadetes,[3] com todos os seus seguidores sem consciência da pequena burguesia e todos os seus dirigentes conscientes, os embaixadores capitalistas franceses e ingleses; terceira força – o Soviete de deputados operários, que procura transformar todo o proletariado e toda a massa dos setores mais pobres da população em seus aliados.[4]

Concretamente, a correlação de classes não ocorreu exatamente da forma como Lenin havia pensado. As ações revolucionárias de massas dos operários, soldados e camponeses atraíram não apenas "boa parte dos elementos mais vacilantes da pequena-burguesia [...] mas também o partido monárquico dos cadetes, a burguesia liberal, que assim se converteu em um partido republicano".[5]

Essa mudança não é estranha, diz Lenin, pois para a burguesia "o que importa é a dominação econômica; a forma de dominação política é secundária".

---

[3] Cadetes: assim chamados, conforme as iniciais do seu partido: Partido Constitucional Democrata (K. D., em russo). Composto de liberais das classes ricas, os cadetes eram o grande partido da reforma política. Os cadetes formaram o primeiro governo provisório em março de 1917. O ministério cadete foi derrubado em abril, por ter aderido aos fins imperialistas dos aliados, inclusive aos fins imperialistas do governo tsarista. À medida que se firmava o caráter econômico e social da revolução, os cadetes tornavam-se cada vez mais conservadores. (Nota dos editores).

[4] Lenin, "Cartas de longe" (1ª carta), (7 de março de 1917), t. 24, p. 338.

[5] Lenin, "Diário de um publicista", (23-24 de setembro de 1917), t. 27, p. 162-163.

E resume assim as características da nova situação criada, as quais, segundo ele, devem ser definidas com a máxima precisão e objetividade (para determinar o caminho a seguir), a partir da única base sólida possível, a base dos fatos: "A monarquia tsarista foi derrubada, mas não foi destruída definitivamente".

> O governo burguês outubrista-cadete – que quer levar a guerra imperialista 'até o fim', e que, na verdade, é agente da empresa financeira 'Inglaterra e França' – se vê obrigado a prometer ao povo o máximo de liberdades e concessões compatíveis com a manutenção do seu poder sobre o povo e com a possibilidade de continuar a matança imperialista [...]. O soviete de deputados operários é uma organização dos operários, é o embrião de um governo operário, o representante dos interesses de todos os pobres, isto é, dos nove décimos da população que anseia por paz, pão e liberdade [...]. O antagonismo entre a primeira e a segunda força não é profundo, é passageiro, é apenas fruto da conjuntura atual, da brusca mudança nos acontecimentos da guerra imperialista [...]. O novo governo, que ainda não desferiu o golpe de misericórdia na monarquia tsarista, já começou a fazer acordos com a dinastia latifundiária dos Romanov. A burguesia do tipo outubrista-cadete precisa de uma monarquia que esteja à frente da burocracia e do exército, para salvaguardar os privilégios do capital contra os trabalhadores.[6]

E, contra as posições dos mencheviques e socialistas revolucionários, acrescenta:

> Quem disser que os operários devem apoiar o novo governo no interesse da luta contra a reação tsarista [...] trai os operários, trai a causa do proletariado, a causa da paz e da liberdade. Porque, na verdade, este novo governo já está totalmente atrelado ao capital imperialista, à política imperialista de guerra de rapina; já começou (sem consultar o povo) a fazer acordos com a dinastia; já se encontra empenhado na restauração da monarquia tsarista...

Frente a essa nova situação, Lenin não se deixa enganar pelo discurso e pelas promessas revolucionárias da burguesia e reitera uma ideia estabelecida em 1905: a incapacidade da burguesia de levar

---

[6] Lenin, "Cartas de Longe" (1ª carta), *Op. cit.*, p. 342-343.

adiante as tarefas democrático-burguesas e muito menos naquele momento, quando a única solução para os problemas da Rússia era a revolução socialista.

À medida que os meses passam, novas mudanças ocorrem na correlação de classes. A burguesia e o imperialismo mudaram de lado e se tornaram contrarrevolucionários. Por sua vez, "as camadas superiores da pequena burguesia e os setores acomodados da pequena burguesia democrática estão visivelmente contra uma nova revolução",[7] que implicaria numa ruptura definitiva com o capitalismo.[8] "A correlação de classes mudou: isso é o essencial – afirma Lenin e insiste: existem agora classes diferentes 'de um e do outro lado da barricada'. Isso é o principal."[9]

Dessa nova situação, conclui também que o proletariado precisa contar com outros aliados para realizar seus novos objetivos. Em primeiro lugar, com

> a ampla massa dos semiproletários e, em parte, também com a massa dos pequenos camponeses, que somam dezenas de milhões e constituem a imensa maioria da população da Rússia. Para esta massa, de pequenos camponeses, são essenciais a paz, o pão, a liberdade e a terra.[10]

E, em segundo lugar, com o "proletariado de todos os países beligerantes e de todos os países em geral".

Cabe recordar que, tanto para Lenin quanto para todos os altos dirigentes bolcheviques, a revolução russa foi concebida somente como o início de um processo revolucionário que se difundiria rapidamente aos demais países capitalistas avançados.

---

[7]   Lenin, "Diário de um publicista", *Op. cit.*, p. 162-163.
[8]   Lenin, "As tarefas do proletariado em nossa revolução", (10 de abril de 1917), t. 24, p. 485.
[9]   Lenin, "Diário de um publicista", *Op. cit.*, p. 163.
[10] Lenin, "Cartas de Longe" (1ª carta), *Op. cit.*, p. 345.

3. CORRELAÇÃO DE CLASSES

Conceitos de correlação de classes e correlação de forças

À medida que a revolução avança, é tarefa fundamental de toda direção política revolucionária determinar quais são as classes que se enfrentam, como se agrupam e como se altera o seu comportamento. Trata-se de precisar o que Lenin denomina indistintamente de "correlação de classes",[1] "correlação das forças de classes",[2] "correlação de forças sociais",[3] "correlação objetiva das classes e forças sociais"[4] ou "agrupamento de forças sociais"[5] que caracterizam uma situação específica.

O conceito mais rigoroso seria o de "correlação de forças sociais", já que a análise se situa no terreno da conjuntura política. Contudo, não é o mais conveniente, porque pode ser confundido com um outro conceito seu, que tem um significado muito diferente: o de correlação de forças. A "correlação", isto é, a tendência a variar simultaneamente, no primeiro caso se refere à forma como

---

[1] Lenin, "A propósito da revolução em toda a nação" (2 de maio de 1907), t. 12, p. 389; "Diário de um publicista", *Op. cit.*, p. 163; "IV Congresso Extraordinário dos Sovietes de toda a Rússia", (14 de março de 1918), t. 18, p. 383.

[2] Lenin, "III Congresso da Internacional Comunista", (13 de junho de 1921), t. 35, p. 345 e 355; "Novos tempos e velhos erros sob uma nova experiência", (20 de agosto de 1921), t. 35, p. 442.

[3] Lenin, "V Congresso do POSDR", (12 de maio de 1907), t. 12, p. 438.

[4] Lenin, "Atitude para com os partidos burgueses", (21-25 de maio de 1907), t. 12, p. 477.

[5] Lenin, "Ensinamentos dos acontecimentos de Moscou", (11 de outubro de 1905), t. 9, p. 386.

as diferentes forças sociais se agrupam umas em relação às outras e às variações que se produzem nessa situação à medida que a revolução avança; no segundo caso, por outro lado, se refere à força ou à capacidade que cada uma tem para impor seus interesses de classe em uma conjuntura determinada, capacidade que está intimamente ligada à capacidade que as outras classes têm para fazer o mesmo.

Ainda que Lenin use frequentemente esses conceitos em suas análises políticas, ele jamais os define. Por esse motivo, esforçamo-nos em defini-los a partir de um exaustivo estudo de suas mais significativas análises políticas.

A correlação de classes: algo essencialmente dinâmico

A correlação de classes não é estática; ela é essencialmente dinâmica, assim como também é dinâmico o próprio processo de desenvolvimento político e social de uma determinada formação social. Ela se modifica à medida que a revolução avança.[6]

Para que uma revolução seja vitoriosa é necessário unir "a maioria absoluta da população para lutar pelas reivindicações dessa revolução". Somente uma imensa maioria pode vencer uma minoria organizada e dominante. Geralmente, essa imensa maioria está integrada por forças sociais que representam diversos interesses de classe, mas tem, sem dúvida, certos objetivos comuns que as fazem golpear, em conjunto, o regime estabelecido. Mas os marxistas não podem se esquecer de que, junto a esses interesses comuns imediatos, existem diferentes interesses próprios de cada classe – e isso vai se tornando cada vez mais evidente à medida que a revolução avança. Produz-se um amadurecimento da consciência de classe e se estabelece uma demarcação mais nítida da fisionomia de classe

---

[6] Lenin, "A propósito da revolução de toda a nação", (2 de maio de 1907), t. 12, p. 389.

dos diferentes partidos. Isso é observado pela crescente substituição das reivindicações políticas e econômicas – que, no começo, têm um caráter muito abstrato e geral – por reivindicações mais concretas e exatamente determinadas.

> A revolução burguesa russa, por exemplo – explica Lenin – como toda revolução burguesa, começa inevitavelmente com as mesmas palavras de ordem gerais de 'liberdade política', 'interesses do povo'; mas o significado concreto dessas palavras de ordem vai se tornando claro para as massas e classes somente no curso da luta, somente à medida que se empreende a realização prática dessa 'liberdade', quando se dá conteúdo definido a uma palavra oca como 'democracia'. No princípio da revolução burguesa, todos atuam em nome da democracia: o proletariado, o campesinato com os elementos pequeno-burgueses urbanos, os burgueses liberais com os latifundiários liberais. Somente no curso da luta de classes, somente durante o desenvolvimento histórico mais ou menos prolongado da revolução é que se evidenciam as diferentes interpretações que as diferentes classes fazem dessa 'democracia'. Mais ainda: e se manifesta o profundo abismo existente entre os interesses das diferentes classes, que exigem diferentes medidas econômicas e políticas em nome de uma mesma e única 'democracia'.
>
> Somente no decorrer da luta, somente no desenvolvimento da revolução é que fica claro que uma classe ou um setor democrático não quer ou não pode ir tão longe quanto outro; que, ao colocar em prática os objetivos comuns (supostamente comuns), ocorrem choques implacáveis em razão do modo de realizá-los; por exemplo: pelo grau, amplitude e consequência da liberdade ou do poder do povo, pela forma de transferir a terra aos camponeses etc.

Daí, as duras críticas de Lenin a Plekhanov, que sustentava que os bolcheviques haviam se esquecido do que defenderam no II Congresso do POSDR, de 1903: a necessidade de apoiar qualquer movimento de oposição à autocracia.

> O companheiro Plekhanov está equivocado – afirma. A tese geral sobre o apoio à oposição não é negada por aqueles que resolvem o problema concreto de apoiar, em um momento determinado, um ou outro setor dessa burguesia de oposição e revolucionária. O erro de Plekhanov está em substituir um problema histórico concreto por uma consideração abstrata. Isso, em primeiro lugar. E, em segundo lugar, o erro do companheiro Plekhanov é ter uma

concepção totalmente não histórica da burguesia democrática russa. Plekhanov se esquece de como as posições das diferentes camadas dessa burguesia democrática mudam à medida que a revolução avança. Quanto mais o nível da revolução avança, mais rapidamente os setores menos revolucionários da burguesia se afastam dela. Quem não compreender isso não poderá explicar nada no curso da revolução burguesa em geral.

E, em seguida, cita dois exemplos ilustrativos:

> Em 1847, Marx apoiava a mais tímida oposição da burguesia alemã ao governo. E, em 1848, denunciava e criticava sem piedade os radicais cadetes alemães – muito mais à esquerda do que nossos cadetes – que se dedicavam a realizar um 'trabalho orgânico' no Parlamento de Frankfurt e asseguravam a todos que esse trabalho orgânico tinha uma enorme importância de agitação, sem compreender que era imprescindível lutar pelo poder. Marx teria se traído? Assumido outro ponto de vista? Caído no blanquismo? [...] Absolutamente. A revolução havia avançado. Ficaram para trás não apenas os 'shipovistas' alemães de 1847, mas também os 'cadetes' alemães de 1848. Como fiel guardião dos interesses de classe de vanguarda, Marx fustigou implacavelmente os atrasados mais influentes. [...] Citando Marx, Plekhanov dá as costas a Marx.

Segundo exemplo:

> Em 1903 – e mesmo antes, em 1901 e 1902 – a velha *Iskra* apoiava os 'shipovistas', isto é, os tímidos liberais dos 'zemstvos'[7] da época que, junto com o senhor Struve, defendiam a palavra de ordem: direitos e 'zemstvo' soberano. A revolução avançava e os social-democratas passavam, por assim dizer, dos setores burgueses da oposição para seus setores revolucionários. 'Atacavam' os 'shipovistas' porque não exigiam claramente uma Constituição; os constitucionalistas, porque não reconheciam o sufrágio universal etc.; os que reconheciam o sufrágio universal, porque não admitiam a revolução etc., em relação ao desenvolvimento, expansão e aprofundamento do movimento democrático. Os social-democratas revolucionários caíram em contradição quando, depois de apoiar os 'shipovistas' opositores em 1901-1902, passa-

---

[7] Os zemstvos eram os órgãos da autoridade administrativa em nível provincial, criados sob o reinado do tsar Alexandre II.

ram a apoiar os camponeses revolucionários em 1905-1906? Em absoluto. Foram muito consequentes.[8]

Mas, assim como a guerra civil por liberdades democráticas provoca uma mudança na correlação de classes, à medida que a revolução avança, os setores mais vacilantes vão se afastando dela e, por outro lado, outros setores sociais passam a engrossar suas fileiras.

> O êxito da revolução – diz Lenin em outubro de 1905 – depende da importância das massas operárias e camponesas que se levantarão para defendê-la e levá-la ao seu fim. A guerra revolucionária se diferencia de outras guerras pelo fato de extrair sua principal reserva dentre aqueles que, ontem, eram aliados de seu inimigo; dentre aqueles que, ontem, eram partidários do tsarismo, dentre aqueles que seguiam o tsarismo cegamente.[9]

E Lenin antevia, já nessa época, que, uma vez derrubado o tsarismo, o proletariado russo contaria "com outras reservas mais", as reservas do proletariado socialista mundial.

Forças de oposição, forças motrizes, força dirigente, força principal

O conceito de correlação de classes (no sentido de correlação de forças sociais), refere-se, então, à forma como se distribuem as classes e setores sociais de uma determinada sociedade em relação às mudanças revolucionárias que a sociedade requer. Como vimos, não é algo estático, mas essencialmente dinâmico, que varia de acordo com o grau de profundidade que o processo revolucionário consegue alcançar. Em relação a este problema da correlação de classes, devemos definir agora alguns conceitos que nos serão úteis para analisar as classes e os setores sociais que participam da luta em geral contra os inimigos do povo em cada etapa da revolução.

---

[8] Lenin, "Como Plekhanov argumenta sobre a tática", (maio de 1906), t. 10, p. 467-468.
[9] Lenin, "A primeira vitória da revolução", (25 de outubro de 1905), t. 9, p. 435.

Primeiramente, devemos diferenciar as forças de oposição das forças motrizes.[10] As forças de oposição são todas as classes e setores sociais que participam, de uma maneira ou de outra, na derrubada do regime vigente. As forças motrizes, ou forças revolucionárias, como têm sido denominadas por outros autores, são as "forças propulsoras",[11] ou "classes capazes de conduzir a revolução à vitória",[12] ou o "motor principal" da revolução.[13]

Lenin assegura que as únicas classes capazes de levar a revolução democrático-burguesa a sua plena realização são o proletariado e o campesinato – que são as forças motrizes na etapa democrática da revolução. Mas, se analisarmos o que aconteceu em fevereiro de 1917, vamos verificar que, junto com essas forças – que foram as "propulsoras", as forças que dinamizaram o processo revolucionário – encontraremos outras forças que também atuaram contra o tsar. Nessa situação esteve a burguesia liberal que, com seu comportamento político concreto naquele momento, fez parte das forças de oposição que contribuíram para a derrubada do tsarismo. Contudo, como sabemos, rapidamente passou, como assinalou Lenin, "para o outro lado da barricada".

Entre as forças motrizes, existe uma que é a força dirigente do processo, aquela que indica o caminho a seguir e "atrai" o restante das forças revolucionárias. É importante deixar claro que essa força dirigente não é necessariamente a principal força do ponto de vista quantitativo. Concretamente, o proletariado russo é uma gota d'água no mar de camponeses daquele país agrário; no entanto,

---

[10] Lenin, "O problema agrário e as forças da revolução", (1º de abril de 1907), t. 12, p. 320.
[11] Lenin, "A social-democracia e o governo provisório revolucionário", (23-30 de março de 1905), t. 8, p. 256.
[12] Lenin, "Apreciação da revolução russa", (abril de 1908), t. 15, p. 50.
[13] Lenin, "V Congresso do POSDR", (12 de maio de 1907), t. 12, p. 438.

é a força que, indiscutivelmente, conduz a revolução a sua vitória definitiva, à vitória de Outubro.

Concluindo: forças de oposição são todas as forças que participaram da derrubada do antigo regime.

Forças motrizes, ou forças revolucionárias, são as forças capazes de conduzir uma determinada etapa da revolução a sua vitória definitiva, isto é, à plena realização das tarefas que se colocam nessa etapa.

É necessário distinguir entre forças motrizes potenciais e reais. As primeiras são as classes e setores sociais que objetivamente, por sua situação social, deveriam estar interessadas em estimular a revolução. As segundas são aquelas que atuam decididamente nessa direção.

Força dirigente é a força que atrai e conduz o restante das forças revolucionárias.

Força principal é a força motriz numericamente mais significativa. Uma força pode ser a força motriz principal e não ser a força dirigente.[14]

---

[14] Lenin, "Atitude para com os partidos burgueses", (12-15 de maio de 1905), t. 12, p. 478.

4. ALGUNS ASPECTOS DO PROBLEMA DA CORRELAÇÃO DE CLASSES NA AMÉRICA LATINA

Não pretendemos abordar em profundidade, neste trabalho, o tema da correlação de classes na América Latina. isso implicaria, particularmente, uma análise das classes que configuram sua estrutura social, tema mais que suficiente para outro livro.

Contudo, podemos adiantar que os setores mais representativos da burguesia de nossos países não podem desempenhar um papel revolucionário em razão, por um lado, de seus interesses estarem estreitamente ligados aos interesses imperialistas e, por outro lado, do desenvolvimento que, em muitos desses países, a classe operária alcançou. Frente ao perigo que um poderoso movimento popular pode representar para seu sistema de dominação, eles (os setores mais representativos da burguesia) sempre tenderão manter sua dependência ao imperialismo.

Na Segunda Declaração de Havana, em 1962, se dizia:

> Nas atuais condições históricas da América Latina, a burguesia nacional não pode encabeçar a luta antifeudal e anti-imperialista. A experiência demonstra que em nossas nações, a burguesia, mesmo quando seus interesses sejam contraditórios com os do imperialismo ianque, tem sido incapaz de enfrentá-lo, paralisada pelo medo da revolução social e assustada pelo clamor das massas exploradas. Colocada frente ao dilema: imperialismo ou revolução, somente seus setores mais progressistas estarão com o povo.[1]

---

[1] Havana, "Obra Revolucionária", (5 de fevereiro de 1962), n° 5; "A revolução cubana", (1953-1962), México, Era, p. 482.

Por outro lado, além do campesinato com resquícios semisservis que ainda subsiste na maior parte de nossos países – e que constitui a principal força motriz potencial nos países mais atrasados – existe um crescente setor constituído por desempregados crônicos ou subempregados que se fixam na periferia das grandes cidades; suas condições sub-humanas de vida tendem a induzi-los a se rebelar contra o sistema. É indiscutível que, na Nicarágua, a principal força motriz da revolução sandinista foi constituída por esse setor e não pelo campesinato pobre que, por sua dispersão e pelo seu baixo nível cultural, era muito difícil de ser organizado.

Recordemos também que Fidel considera como a força motriz majoritária os "600 mil cubanos que estão sem trabalho, desejando ganhar honradamente o pão sem ter de emigrar de sua pátria em busca de sustento". Esta é a massa mais numerosa de todos os setores que formam o que ele denomina "povo" em seu texto *A história me absolverá*. A força quantitativamente mais próxima a eles é a dos operários agrícolas, que somam 500 mil; depois, os 400 mil operários industriais e trabalhadores braçais. Em seguida, 100 mil pequenos agricultores e, depois, grupos mais reduzidos da chamada "pequena burguesia intelectual": professores, profissionais liberais etc.[2]

Outro setor que, por sua situação na sociedade, está objetivamente interessado em levar a cabo uma revolução social de caráter democrático anti-imperialista, em muitos países da América Latina, é o indígena. Em países como Guatemala, Bolívia e Peru, o setor indígena forma a maioria da população, uma maioria composta por várias minorias nacionais. Estas costumam ter mais interesses comuns entre si, devido à discriminação que sofrem, do que com os

---

[2] Fidel, "A História me absolverá", (16 de outubro de 1953), Havana; *A revolução cubana*, *Op. cit.*, p. 37-38.

setores não indígenas do país, mesmo com aqueles que pertencem a sua própria classe social.

É preciso, porém, distinguir entre: as forças motrizes potenciais, que são aquelas que, por sua situação na estrutura social, estão objetivamente interessadas em levar adiante a revolução; e as forças motrizes reais, que são aquelas que, na prática política concreta, dão impulso ao processo revolucionário. Um exemplo muito claro desta diferença é a Guatemala. Nesse país, teoricamente, as grandes massas indígenas, superexploradas e discriminadas, deveriam estar, há muito tempo, interessadas em estimular a revolução. Contudo, somente nos anos mais recentes é que começaram a se integrar plenamente à luta.

O que aconteceu com a maioria dos trabalhadores das minas de cobre, no Chile, durante o governo da Unidade Popular (começo dos anos de 1970), também é ilustrativo. Em vez de lutar ao lado do proletariado e dos camponeses para colocar em prática o programa democrático, popular e anti-imperialista da UP, passaram a fazer parte das forças contrarrevolucionárias lideradas pela burguesia chilena.

Um outro exemplo pode ser extraído da experiência nicaraguense (final dos anos de 1970). Na Nicarágua, alguns setores camponeses situados nas proximidades das zonas em que a contrarrevolução esteve mais ativa, deram seu apoio a ela. Tratava-se de "setores atrasados do campesinato pobre",[3] que foram enganados pelos contrarrevolucionários que, para conquistá-los, exploraram seu sentimento religioso, acusando os dirigentes sandinistas de ateus, e prometeram, demagogicamente, entregar-lhes terras quando sua causa (da contrarrevolução) triunfasse, aproveitando-se de uma certa demora do governo revolucionário em proceder a uma política agrária para esse

---

[3]   Weelock, Jaime, *El Gran Desafío*. Nueva Nicaragua, Manágua, 1983, p. 125-126.

setor. A maior parte dos camponeses, porém, compreende quem são seus verdadeiros amigos e o projeto contrarrevolucionário não consegue o apoio popular que esperava ter dentro do país.

Devemos lembrar também que a correlação de classes é algo dinâmico, que varia no decorrer do processo revolucionário. Por um lado, há classes e setores sociais burgueses que estão dispostos a lutar contra o ditador do momento, mas que, depois disso, assustados pelo avanço do movimento popular, passam para as fileiras da contrarrevolução. Um exemplo é o Chile. Em 1983, quando a esquerda ainda não havia se definido como vanguarda do processo, existia a mais ampla unidade nacional contra [o general Augusto] Pinochet. Contudo, quando o controle do movimento popular escapa das mãos da burguesia e surge o Movimento Democrático Popular (MDP), reunindo os partidos de esquerda de maior peso político, os setores burgueses suspendem sua luta direta contra o ditador [Pinochet] e começam a buscar saídas negociadas que lhes assegurem o controle do futuro governo e a manutenção do regime econômico-social existente.

Outro exemplo é a Nicarágua (anos de 1980). Importantes setores burgueses que apoiaram os sandinistas em sua luta contra [o ditador Anastácio] Somoza passaram-se às fileiras da contrarrevolução, e o fizeram argumentando que a revolução tem violado valores como a "democracia" e a "liberdade"; que a revolução tem traído os objetivos pelos quais dizia lutar. O que acontece é: o que a burguesia entende por "democracia", por "liberdade", por "soberania" é algo muito diferente do que esses conceitos representam para o povo revolucionário.

Por outro lado, o que é próprio de qualquer processo revolucionário, que amadurece no dia a dia e que deve ser conduzido corretamente pela vanguarda revolucionária, é a incorporação ao processo de mais e mais setores populares. Os setores mais atrasados das classes que teoricamente devem estar interessados na revolução e vão despertando e vão se incorporando à revolução crescentes setores médios marginalizados e indígenas; na medida em que a crise nacional se agrava, a vanguarda revolucionária demonstra cada vez mais eficácia no combate e as perspectivas do triunfo revolucionário ficam cada vez mais próximas.

Existe outro fator que pode causar mudança na correlação de classes existente: a invasão do país por uma potência estrangeira. Uma ação desse tipo, ainda que fortaleça temporariamente a contrarrevolução, em longo prazo a enfraquece porque a isola politicamente. Setores nacionalistas que até então eram indiferentes, e mesmo inimigos do processo revolucionário, tendem a se incorporar às fileiras da revolução. As contradições internas entre as classes, setores sociais e grupos políticos ficam relegadas a segundo plano.

Assim aconteceu em países semicoloniais e semifeudais, como a China e o Vietná, em que a burguesia nacional e, inclusive, alguns caudilhos e alguns líderes feudais passaram a integrar as fileiras da revolução graças à correta orientação anti-imperialista e em prol da mais ampla unidade nacional posta em prática por seus dirigentes revolucionários. Assim pode acontecer, com toda a certeza, em El Salvador e na Nicarágua, se as tropas estadunidenses invadirem seus territórios.

Concluindo, é fundamental que a vanguarda seja capaz de determinar com que forças motrizes o triunfo da revolução pode ser alcançado: um diagnóstico incorreto pode impedir que o processo revolucionário alcance seu objetivo. Se em países atrasados, por exemplo, trabalha-se apenas com o proletariado, desprezando o papel revolucionário do campesinato e dos setores médios, assim como dessa camada crescente de desempregados e subempregados; se em um país com uma acentuada população indígena não se assume a defesa dos interesses das minorias nacionais, jamais se reunirá força suficiente para vencer os inimigos da revolução.

Juntamente com o desvio de esquerda apontado no parágrafo anterior, existe outro, de direita, que prioriza o trabalho político nos mal denominados "setores democrático-burgueses", sem fazer distinções precisas entre os setores burgueses que poderiam estar com a revolução (cada vez mais raros nos países latino-americanos de maior desenvolvimento econômico) e aqueles setores que, mesmo tendo contradições com os monopólios e com o imperialismo, permanecem ao lado da burguesia como classe quando a luta de classes se intensifica. Ao ter como centro de sua política a soma de forças da direita, ignoram que, de fato, o que fazem é diminuir as forças do movimento revolucionário. Em vez de liderar o processo, vão a reboque da burguesia.

II – ESTRATÉGIA POLÍTICA

1. ESTRATÉGIA E CORRELAÇÃO DE CLASSES

Da análise de quais são as classes ou forças sociais que se enfrentam no terreno da luta política, como estão agrupadas e qual é a sua dinâmica de desenvolvimento, a vanguarda política obtém uma apreciação da revolução em marcha e uma definição do caminho a ser percorrido para conduzir a revolução à vitória decisiva.

Antes de continuar, assinalamos que a definição do caminho a seguir – isto é, da forma a se proceder para que a conquista da revolução seja mais ampla – nada tem a ver com as facilidades ou com as dificuldades que podem ser encontradas ao se percorrer esse caminho.[1]

Em uma análise teórica, os bolcheviques anteviram corretamente, em 1905, que "a traição do liberalismo e a vocação democrática do campesinato constituíam a chave" de como a social-democracia devia proceder na revolução burguesa.[2]

Os mencheviques, por outro lado, perceberam a diferença entre os democratas burgueses e os democratas burgueses que apoiavam a revolução, os quais rapidamente foram deixando de dar seu apoio à revolução na medida em que a revolução avançava. Em vez de se aproximar dos socialista-revolucionários – afirma Lenin – aproximavam-se dos cadetes, que representavam a burguesia liberal.[3]

---

[1] Lenin, "Duas táticas...", *Op. cit.*, p. 96.
[2] Lenin, "A atitude frente aos partidos burgueses", *Op. cit.*, p. 470.
[3] Lenin, "Como argumenta Plekhanov sobre a tática", (maio de 1906), t. 10, p. 463.

Agora, esta orientação geral – ou caminho a seguir – não muda se a correlação fundamental entre as classes não mudar.

Em 1910 – depois da derrota definitiva da revolução de 1905 – Lenin afirma que, apesar de a Rússia ter sofrido mudanças muito bruscas nos últimos seis anos, que rapidamente e com força extraordinária modificaram a situação política e social, "a tendência geral da evolução econômica (e não apenas econômica) não sofreu modificações durante esses anos", tampouco "a correlação fundamental entre as diferentes classes da sociedade russa".[4] E, de fato, esta situação se manteve até a revolução de fevereiro de 1917, quando a guerra imperialista e o temor dos imperialistas ingleses e franceses de que o tsar assinasse uma paz em separado com a Alemanha determinaram o apoio desses imperialistas à frágil e inconsequente burguesia liberal russa, tornando possível seu acesso ao poder como consequência da primeira revolução proletária engendrada pela guerra.

Adiantamos que a definição das formas de como se deve proceder ou o caminho a seguir é o que denominaremos de estratégia. Para compreender melhor este conceito, não analisaremos a estratégia proposta por Lenin durante a revolução de 1905, já que abordamos este tema quando nos referimos ao conceito de correlação de classes. O texto de Lenin *Duas táticas da social-democracia na revolução democrática* deveria ter recebido o nome de *Duas estratégias...* Tampouco analisaremos a estratégia geral seguida por Lenin. Em contrapartida, abordaremos a estratégia seguida imediatamente depois do triunfo da Revolução de Outubro, deixando claro que, com isso, queremos apenas ilustrar este conceito e não fazer um estudo exaustivo do período de transição ao socialismo.

---

[4]   Lenin, "Algumas particularidades do desenvolvimento histórico do marxismo", (23 de dezembro de 1910), t. 17, p. 30.

2. ESTRATÉGIA LENINISTA DEPOIS DO TRIUNFO DE OUTUBRO DE 1917

Estratégia revolucionária e contrarrevolucionária

Desde 1905, Lenin já afirmava, em relação ao problema da correlação de classes, que a estratégia do proletariado para levar adiante a revolução socialista devia consistir em atrair "as massas semiproletárias da população buscando eliminar pela força a resistência da burguesia e compensar a instabilidade do campesinato e da pequena burguesia".[1]

Em 1917, depois do triunfo da revolução de fevereiro, Lenin insistirá nessa ideia e acrescentará que o segundo aliado do proletariado na revolução socialista é "o proletariado de todos os países beligerantes e de todos os países em geral".[2]

Naquele momento, Lenin estava convencido de que a revolução russa seria somente o prelúdio da revolução socialista mundial. Alguns meses depois do triunfo da Revolução de Outubro, ele confessa que, quando o partido bolchevique enfrentou sozinho a tarefa de iniciar a construção do socialismo na Rússia, o fez convencido de que a revolução estava amadurecendo em todos os países e que, apesar das dificuldades e derrotas que pudesse sofrer, a revolução socialista explodiria, senão em todos, ao menos em vários dos países mais avançados da Europa, o que solucionaria os graves problemas

---

[1] Lenin, "Duas táticas da social-democracia na revolução democrática", (junho--julho de 1905), t. 9, p. 96.

[2] Lenin, "Cartas de longe" (1ª carta), *Op. cit.*, p. 346.

que a revolução proletária vitoriosa em um dos países mais atrasados daquele continente deveria enfrentar.[3]

Em julho de 1918, Lenin afirma que a revolução russa conduzirá "inevitavelmente à revolução mundial" e que, enquanto isso não ocorrer, a "tarefa imediata" do novo Estado soviético é "manter este poder, esta tocha do socialismo, para que se desprendam dela as fagulhas que avivem o crescente incêndio da revolução socialista".[4]

Toda a estratégia da construção do socialismo, incentivada pelos bolcheviques durante os primeiros anos após o triunfo da Revolução de Outubro, baseava-se no apoio que deveriam receber dos países avançados, uma vez que neles triunfasse a revolução socialista.

Parece-nos que é esta a consideração que explica por que, ao calcular as perspectivas do desenvolvimento, os bolcheviques tacitamente pressupunham que se passaria de imediato à construção do socialismo.[5]

Nos primeiros meses (após outubro), deu-se ênfase à expropriação dos expropriadores, mas já em maio de 1918 – uma vez resolvido o problema fundamental da guerra pelo acordo de paz de Brest-Litovski – constatou-se que se havia expropriado mais do que se podia registrar, controlar e administrar. E, assim, surgiu o problema: enfatizar as tarefas de "organizar o registro e o controle", no "trabalho corriqueiro, por assim dizer, da construção econômica real".

> Supúnhamos – afirma Lenin – que, ao introduzirmos a produção estatal, havíamos criado um sistema econômico de produção e distribuição diferente do anterior. Supúnhamos que os dois sistemas – o de produção estatal e distribuição estatal e o de produção privada e distribuição privada – competiriam entre si e, enquanto

---

[3] Lenin, "VII Congresso Extraordinário do PB(b)R", (7 de março de 1918), t. 28, p. 301; "VI Congresso Extraordinário dos Sovietes", (8 de novembro de 1918), t. 29, p. 471.

[4] Lenin, "Discurso na reunião conjunta do CER de toda a Rússia...", (29 de julho de 1918), t. 29, p. 330-331.

[5] Lenin, "Informe sobre a NEP", (29 de outubro de 1921), "VII Conferência do Partido na província de Moscou", t. 35, p. 532-533.

isso, organizaríamos a produção estatal e a distribuição estatal e, passo a passo, as arrebataríamos do sistema antagônico. Dissemos que nossa tarefa não era tanto a expropriação dos expropriadores, mas estabelecer o registro e o controle, aumentar a produtividade do trabalho e ajustar a disciplina. Dissemos isso em março e abril de 1918, mas não nos perguntamos sobre os vínculos de nossa economia com o mercado e o comércio.

Outra questão que os bolcheviques não levaram em conta ao colocar em prática sua estratégia econômica, foi que, nesse nível, a burguesia apresentasse resistência. Pensamos que isso também pudesse estar vinculado à sua equivocada suposição sobre o triunfo próximo da revolução socialista mundial. Não há dúvida de que a atitude da burguesia russa teria sido muito diferente se não tivesse se sentido protegida pela burguesia europeia. Se a revolução socialista houvesse triunfado em todos esses países, é certo que a burguesia russa seria obrigada a aceitar as condições impostas pelo poder soviético.

Vejamos, em seguida, um exemplo do próprio Lenin que apresenta a política econômica que o novo Estado proletário pretendeu implantar e qual foi a resposta da burguesia.

> Um dos primeiros decretos promulgados em fins de 1917 foi o do monopólio estatal da publicidade. O que acarretava esse decreto? Que o proletariado, que havia conquistado o poder político, supunha que haveria uma transição mais gradual em direção às novas relações econômico-sociais: não pela supressão da imprensa privada, mas pelo estabelecimento de certo controle estatal que a conduziria pelos canais do capitalismo de Estado. O decreto que estabelecia o monopólio estatal da publicidade pressupunha, ao mesmo tempo, a existência de jornais privados como regra geral, que seria mantida uma política econômica que necessitasse de anúncios privados, e que subsistiria o regime de propriedade privada, que continuariam existindo empresas privadas que necessitassem de anúncios e de propaganda. Foi isso o que o decreto sobre o monopólio estatal da publicidade privada significou e não podia significar nada mais.

[...] Mas, que fim teve o decreto sobre o monopólio da publicidade privada promulgado nas primeiras semanas do poder soviético? Desapareceu pouco depois. Recordando hoje o desenvolvimento da luta e as condições em que ela se desenvolveu, é triste pensar o quanto fomos ingênuos a ponto de falar na implantação, em fins de 1917, do monopólio estatal da publicidade privada. Que publicidade privada poderia haver num período de luta encarniçada! O inimigo, isto é, o mundo capitalista, respondeu a este decreto do poder soviético com a continuidade da luta, fazendo-a cada vez mais intensa, levando-a até o limite. O decreto pressupunha que o poder soviético, a ditadura do proletariado, seria tão firme a ponto de não existir nenhum outro sistema econômico; pressupunha que a necessidade de se submeter a ele seria tão evidente para a massa dos grandes e pequenos empresários, que eles aceitariam a luta no terreno que nós, como poder estatal, escolhêssemos. Dissemos que permitiríamos que eles continuassem com suas publicações privadas, com as empresas privadas; a liberdade de fazer propaganda, que é necessária às empresas privadas, subsistirá, só que o Estado fixará um imposto sobre os anúncios. A propaganda será concentrada em mãos do Estado. O sistema da publicidade privada não será eliminado; ao contrário, os senhores desfrutarão dos benefícios da adequada concentração da publicidade. Mas, na prática, resultou que tivemos de travar a luta em um terreno completamente diferente. O inimigo, ou seja, a classe capitalista, respondeu a este decreto do poder estatal rechaçando totalmente este poder estatal. A publicidade deixou de ser o problema, pois todo burguês e capitalista que sobrevivia em nosso regime concentrou seus esforços na luta contra os próprios fundamentos do poder estatal. E nós, que dissemos aos capitalistas: submetam-se às normas estatais, submetam-se ao poder estatal, pois, em lugar da total eliminação das condições que correspondem aos velhos interesses, hábitos e concepções da população, as mudanças serão feitas gradualmente por normas estatais, descobrimos que nossa própria existência estava em perigo.

A estratégia empregada pelos capitalistas não foi a de aceitar a transformação gradual idealizada pelos bolcheviques, mas a de se opor ao poder estatal soviético como tal, obrigando o novo Estado a romper as velhas relações muito antes do previsto. O decreto sobre o monopólio da publicidade ficou reduzido à letra morta.

> a resistência da classe capitalista – explica Lenin – obrigou o Estado a transferir a luta para um campo completamente diferente. Já não se tratava de problemas secundários, corriqueiros, dos quais tivemos a ingenuidade de nos ocupar no final de 1917, mas do problema de ser ou não ser, de aniquilar a sabotagem dos antigos funcionários e de rechaçar os exércitos de guardas brancos, apoiados pela burguesia de todo o mundo.[6]

Por que Lenin usa esse exemplo? Porque é muito ilustrativo das intenções do Estado soviético em seguir um caminho gradual, sem grandes rupturas, na adoção das novas relações sociais, adaptando-se, na medida do possível, às condições existentes no país, intenções que não puderam ser levadas à prática porque a estratégia da contrarrevolução foi outra.

Sobre isso Lenin diz:

> Naquele momento, a burguesia nos respondeu com uma estratégia, do seu ponto de vista, acertada. Ela nos disse: 'Antes de mais nada, lutaremos pelo problema fundamental; ou seja, determinar se os senhores realmente são ou apenas acreditam que sejam o poder do Estado. O problema, é claro, não será resolvido por decretos, mas pela violência e pela guerra; e o mais provável é que essa guerra seja travada, não apenas por nós, os capitalistas expulsos da Rússia, mas por todos aqueles que exigem o sistema capitalista. E, se interessar o suficiente ao resto do mundo, então nós, os capitalistas russos, conseguiremos o apoio da burguesia internacional'. A burguesia atuava corretamente do ponto de vista da defesa de seus interesses. Enquanto houve um mínimo de esperança de resolver o problema fundamental pelo meio mais efetivo – a guerra – a burguesia não podia nem devia se conformar com as concessões parciais que o poder soviético lhe oferecia – que tendiam a uma transição mais gradual para o novo regime. 'Nada de transição, nada de novidade!', foi a resposta da burguesia. Esse problema – acrescenta Lenin mais adiante – só podia ser resolvido pela guerra que, por ser uma guerra civil, resultou extremamente

---

[6] *Op.cit.*, p. 535-536.

encarniçada. Quanto mais dura a luta se tornava, menos espaço restava para um passo cauteloso.[7]

A estratégia do inimigo obrigou os bolcheviques a modificar sua estratégia econômica. A grave situação de crise em que se encontrava o país, consequência da guerra civil, determinou a adoção de uma política econômica que se denominou "comunismo de guerra": confisco de todos os excedentes agrícolas para distribuição à população assolada pela fome e, especialmente, aos soldados que lutavam na linha de frente; implantação imediata de "princípios socialistas de produção e de distribuição (por meio do 'assalto direto'), ou seja, na forma mais breve, rápida e direta".

O "comunismo de guerra" se mantém até 1921, quando ocorre a mudança para a "nova política econômica".

A mudança estratégica de 1921

O progresso do movimento revolucionário não levou ao triunfo da revolução na Europa como esperavam os bolcheviques, condição para a vitória definitiva do socialismo em seu país, mas, ao menos, conseguem impedir que o primeiro Estado proletário fosse estrangulado pelas potências imperialistas: seu poderio militar muito superior não pôde tornar-se efetivo porque suas tropas não estavam dispostas a se lançar contra a República dos Sovietes. O fim da guerra civil, a assinatura da paz com os Estados capitalistas, as reduzidas possibilidades de ocorrerem novas explosões revolucionárias na Europa, tudo isso criou uma situação de relativo equilíbrio de forças.

> No plano político – afirma Lenin – agora se estabeleceu um certo equilíbrio entre as forças que travavam uma luta aberta, armada, pela hegemonia de uma ou de outra classe dirigente. É um equilíbrio entre a sociedade burguesa, a burguesia internacional em seu conjunto, de um lado, e a Rússia soviética do outro [...], um equilíbrio relativo e muito instável.[8]

---

[7] *Op. cit.*, p. 537-538.

[8] Lenin, "III Congresso da Internacional Comunista", *Op. cit.*, p. 381.

Esta nova situação obriga os bolcheviques a reexaminar sua estratégia. Eles sabem que, para construir o socialismo em seu país, já não podem contar – ao menos nesse momento – com o apoio dos países mais avançados e que as potências capitalistas da Europa ocidental, "em parte deliberadamente e em parte espontaneamente, fizeram todo o possível" para arruinar o país ao máximo. Apesar de não terem conseguido destruir o novo sistema criado pela revolução, tampouco

> lhe permitiram dar, em seguida, um passo adiante que justificasse as previsões dos socialistas; desenvolver com enorme rapidez as forças produtivas, desenvolver todas as possibilidades que, em seu conjunto, teriam produzido o socialismo, demonstrar a todos e a cada um de forma evidente e palpável que o socialismo encerra forças gigantescas, e que a humanidade entrou em uma nova etapa de desenvolvimento, cujas perspectivas são extraordinariamente brilhantes.[9]

A revolução russa inicia a construção do socialismo enfrentando duas situações que não haviam sido previstas nem por Marx e Engels, nem pelos bolcheviques. A primeira, de ordem internacional: construir o socialismo sem contar, por um período relativamente longo, com o apoio econômico e o desenvolvimento tecnológico dos países mais adiantados. A segunda, de ordem interna: iniciar a construção do socialismo, não somente em um dos países mais atrasados da Europa, mas, além disso, em um país arruinado por sete anos de guerra, cujas forças produtivas encontravam-se reduzidas ao mínimo. A maioria de seus melhores operários mortos na guerra civil, e uma grande parcela dos restantes direcionada para tarefas do governo; suas fábricas paralisadas por falta de matérias-primas e de homens, em razão da guerra e do bloqueio econômico imperialista; seus campos reduzidos a uma ínfima produtividade, consequência de uma errada, mas compreensível política de confisco de todos os

---

[9] Lenin, "Melhor pouco, porém melhor", (2 de março de 1923), t. 36, p. 534.

excedentes agrícolas para enfrentar a fome que castigava a população civil e os soldados na linha de frente; seu nível cultural baixíssimo, com um alto grau de analfabetismo.

Pelo interesse que desperta nos países subdesenvolvidos o novo caminho que representa, a partir dessa data, a construção do socialismo na Rússia, é muito importante nos determos na análise que Lenin faz da situação de seu país nesse momento e da "mudança estratégica" que propõe para salvar a revolução, que passa pelo grave perigo de perder o apoio popular, especialmente o apoio camponês, sem o qual não pode se sustentar enquanto não contar com o respaldo da revolução nos países avançados.

Lenin analisa a correlação de classes existente nesse momento e de cujas lutas depende o destino do poder soviético. A primeira força é o proletariado, que já faz três anos e meio que tomou o poder e que durante esse tempo exerceu sua dominação. Essa classe sofreu e resistiu à exaustão, à miséria e às privações mais que nenhuma outra.

Como pôde acontecer que essa classe resistisse e vencesse os ataques da burguesia mundial, em um país no qual o proletariado era numericamente muito menor que o restante da população? – pergunta Lenin, que responde:

> Temos uma resposta exata: o proletariado de todos os países capitalistas estava do nosso lado. Mesmo nos casos em que estava claramente sob influência dos mencheviques e 'esseristas' – nos países europeus são chamados de outro nome – negavam-se a apoiar a luta contra nós. E, afinal de contas, os dirigentes viram-se obrigados a fazer concessões às massas, e os operários provocaram o fracasso dessa guerra. Não fomos nós que vencemos, pois nossas forças armadas eram insignificantes: a vitória foi possível porque as potências não puderam empregar contra nós todas as suas forças. O curso de uma guerra depende dos operários dos países avançados a tal ponto que não pode ser travada contra a sua vontade; em suma, com sua resistência passiva e semipassiva, fizeram fracassar a guerra contra nós. Esse fato, incontestável, dá a resposta exata ao problema: onde está a fonte que deu ao proletariado russo a força moral para resistir três anos e meio, e vencer. A força moral dos operários russos residia no fato de

que conheciam, sentiam e tinham a certeza da ajuda e do apoio que o proletariado de todos os países avançados da Europa lhes prestava nessa luta.[10]

A segunda força é a da "pequena burguesia, os pequenos proprietários que, na Rússia, constituem a esmagadora maioria da população: o campesinato".[11] Os camponeses, com o apoio da classe operária, conseguiram eliminar a dominação dos latifundiários. Diminuiu o número dos grandes proprietários de terras e o dos camponeses sem terra. O campo russo se fez mais pequeno-burguês.

O que acontece com essa força?

> Em nosso país, essa força está vacilando – diz Lenin – e está particularmente cansada. Sobre ela tem recaído o peso da revolução e, nos últimos anos, esse peso é cada vez maior: um ano de colheita ruim, o confisco dos excedentes, enquanto o gado morre por causa da falta de forragem etc. Em tais circunstâncias, compreende-se porque essa segunda força – as massas camponesas – cai no desespero. Não pode pensar em melhorar sua situação, embora já passados três anos desde a eliminação dos latifundiários; essa melhoria passa a ser uma necessidade urgente. O soldado licenciado não consegue encontrar emprego adequado para sua força de trabalho e, assim, essa força pequeno-burguesa se transforma em um elemento anárquico, cuja inquietação é uma expressão de suas reivindicações.[12]

Ao dizer isso, Lenin tinha bem presente o que havia ocorrido, dias antes, na fortaleza naval de Kronstadt, na qual os marinheiros da Armada Vermelha haviam se sublevado contra o poder soviético.

> Foi uma tentativa – explica Lenin – de arrebatar o poder político dos bolcheviques, realizada por um ajuntamento ou uma mistura de vários indivíduos, aparentemente logo à direita dos bolcheviques ou talvez mesmo à sua 'esquerda', não se sabe com certeza, tão imprecisa era a mescla de grupos políticos que tentarem tomar o poder em Kronstadt. Sem dúvida, ao mesmo tempo, os gene-

---

[10] Lenin, "Discurso no congresso dos operários do transporte", (27 de março de 1921), t. 35, p. 128.

[11] *Op. cit.*, p. 132.

[12] *Op. cit.*, p. 132.

rais brancos – todos sabem – desempenharam aqui um papel importante [...]. Neste caso, ficaram em evidência as atividades de anarquistas pequeno-burgueses, com sua palavra de ordem de liberdade de comércio e sua invariável hostilidade à ditadura do proletariado. Esse estado de espírito teve uma grande influência no proletariado, nas fábricas de Moscou, em vários centros no interior. Sem dúvida alguma – esclarece – essa contrarrevolução pequeno-burguesa é mais perigosa que Denekin, Iudenich e Kolchak juntos, porque o nosso país é um país em que o proletariado constituiu uma minoria, em que a propriedade camponesa está arruinada e em que, além disso, a desmobilização do exército liberou uma extraordinária quantidade de indivíduos potencialmente desordeiros.[13]

A terceira força são os latifundiários e os capitalistas. Como a guerra civil contrarrevolucionária terminou em uma derrota, esses indivíduos já não são evidentes no país; em sua grande maioria fugiram para o estrangeiro e lá esperam por novas oportunidades. Mas não devemos perdê-los de vista, porque são alguma coisa além de refugiados, afirma Lenin: representam "os agentes do capital mundial, trabalham para ele e junto dele". E mais adiante acrescenta: "nós os vencemos na primeira campanha, mas somente na primeira; a segunda será em escala internacional".[14] Essa força acredita que as vacilações do campesinato, pelos motivos já apontados, provoquem o fracasso da revolução. Esse é o significado dos acontecimentos de Kronstadt, à luz da avaliação das forças de classe em toda a Rússia e em escala internacional.

Se esses anarquistas, pequeno-burgueses não forem derrotados – insiste Lenin – corre-se o risco de haver um retrocesso, como na Revolução Francesa. Por isso, deve-se fazer "todo o possível para minimizar a influência dessas massas e salvaguardar a direção proletária [...]".[15] Da análise dessa situação concreta das principais forças

---

[13] Lenin, "Informe sobre a atividade política do CC do PC(b)R", (8 de março de 1921). *In* "X Congresso do PC(b)R", t. 35, p. 28.

[14] Lenin, "Discurso no congresso dos operários do transporte", *Op. cit.*, p. 133-134.

[15] *Op. cit.*, p. 135.

sociais que se enfrentam na Rússia e do fato de que a revolução proletária e socialista nos países avançados não aconteceu como Lenin esperava, se deduz que é necessário que se faça uma mudança na condução da revolução.

Não vamos esquecer que Lenin afirmou que os aliados fundamentais do proletariado na revolução socialista eram o semiproletariado da cidade e do campo e o proletariado internacional, e que ele pensava que o desenvolvimento socialista em um país atrasado, como a Rússia daquela época, só podia ser levado a cabo com a ajuda do socialismo triunfante nos países avançados. Não ocorreu dessa forma. O povo soviético não só não contou com a ajuda internacional de outros regimes socialistas, como, em consequência da guerra civil, seus escassos recursos materiais foram direcionados para a defesa do novo poder contra o ataque da contrarrevolução interna, apoiada pelo imperialismo internacional. Se é verdade que o proletariado russo e a República Soviética puderam sobreviver graças ao apoio do proletariado dos países imperialistas, que impediu seus governos de se lançar a um ataque direto contra o poder soviético, também é verdade que o novo Estado não contou com os recursos econômicos e técnicos que poderiam minimizar a crítica situação geral do país e, especialmente, do campesinato, tornando possível uma rápida transição para o socialismo no campo.

Em março de 1921, Lenin assim definiu a situação de seu país: "A Rússia saiu da guerra em um estado que se parece ao de um homem golpeado até ficar quase morto: foi golpeada durante sete anos e 'graças a Deus' que pode andar de muletas [...]"[16]

Em seguida, Lenin descreve em que situação ficou o povo trabalhador:

---

[16] Lenin, "Informe sobre a substituição do confisco de excedentes por um imposto em espécie", (15 de março de 1921). *In* "X Congresso do PC(b)R", t. 35, p. 66-67.

> Neste país atrasado, os operários, que têm feito sacrifícios inauditos, e as massas camponesas, depois de sete anos de guerra, estão em situação de total esgotamento, que está muito próximo da perda completa da capacidade de trabalho. Agora precisamos de uma trégua econômica. Pensávamos investir nossas reservas de ouro na obtenção de meios de produção. O melhor seria fabricar nossas próprias máquinas, mas, ainda que as comprássemos, não reconstruiríamos nossa indústria. Para fazê-lo, seria necessário que houvesse um operário e um camponês que pudessem trabalhar; e na maioria dos casos não estavam em condições de fazê-lo: estavam esgotados, extenuados. Seria preciso ajudá-los e é preciso investir as reservas de ouro em artigos de consumo, apesar do que dizia nosso velho programa. Esse programa era teoricamente correto, mas, na prática, inconsistente. [...] Se adquirimos mercadorias para o camponês, isso seria, por certo, uma violação do programa, uma irregularidade, mas devemos fazer uma trégua, porque o povo está exausto a tal ponto de não poder trabalhar.[17]

Devemos satisfazer economicamente o camponês médio, afirma Lenin e acrescenta de forma dramática: "de outro modo, pelo atraso da revolução mundial, será impossível – economicamente impossível – manter o poder do proletariado na Rússia".[18] "[...] O problema essencial, vital, é a atitude da classe operária com relação aos camponeses".[19] É preciso esforçar-se para atrair o campesinato, para consolidar a aliança entre operários e camponeses.

Nos primeiros meses de 1921, Lenin pensa que se pode satisfazer economicamente o camponês médio por meio da substituição do sistema de confisco de excedentes pelo de liberdade de intercâmbio de produtos entre o campo e a cidade. Esta medida pressupunha "realizar em todo o país um intercâmbio mais ou menos socialista, de produtos industriais e produtos agrícolas e, por meio desse

---

[17] *Op. cit.*, p. 67.
[18] Lenin, "Informe sobre a substituição do confisco...", *Op. cit.*, p. 28.
[19] Lenin, "A política interna e exterior da República", "Informe do CEC de toda a Rússia e do CCP", (23 de dezembro de 1921). *In* "IX Congresso dos sovietes de toda a Rússia", t. 36, p. 75.

intercâmbio de mercadorias, restabelecer a grande indústria, como único fundamento da organização socialista".[20] Mas, em outubro desse mesmo ano, teve de reconhecer que, em lugar de se realizar o intercâmbio físico de mercadorias, essa troca "tomou a forma de compra e venda", de "comércio".

> Agora, nos vemos obrigados – conclui – a retroceder um pouco mais, não apenas ao capitalismo de Estado, mas também à regulamentação estatal do comércio e da circulação monetária. Somente por esse caminho, mais longo ainda que o previsto, podemos restaurar a vida econômica.

Nessas circunstâncias, a reanimação do comércio interior passa a ser o ponto decisivo.[21] Somente conseguindo isso, poderemos avançar na construção das novas relações de produção.

Do ponto de vista da estratégia – diz – o problema fundamental é o seguinte: "Quem o camponês seguirá? O proletariado, que quer construir a sociedade socialista? Ou o capitalista, que diz: Recuemos, é mais seguro; nada sabemos desse socialismo que inventaram?" "Eis aqui a que se reduz a guerra atual: quem vencerá, quem primeiro se aproveitará da situação?"[22]

E mais adiante acrescenta: "Todo o problema está em quem tomará a direção". Ou os capitalistas "conseguem se organizar primeiro e, então, expulsam os comunistas e não há discussão possível"; ou "o poder estatal proletário demonstra, com o apoio do campesinato, estar capacitado para manter os capitalistas com rédea curta, de modo a dirigir o capitalismo pelos canais estatais e criar um capitalismo que se subordine ao Estado e o sirva".[23]

> O desfecho da luta – acrescenta – depende de conseguir organizar os pequenos camponeses como base no desenvolvimento de suas

---

[20] Lenin, "Informe sobre a Nova Política Econômica", (29 de outubro de 1921), "VII Conferência do Partido na Província de Moscou", t. 35, p. 541.

[21] Lenin, "A importância do ouro", (5 de novembro de 1921), t. 35, p. 557.

[22] Lenin, "A nova política econômica e as tarefas das comissões de educação política", (19 de outubro de 1921), t. 35, p. 501.

[23] *Op. cit*, p. 502.

forças produtivas, com a ajuda do poder proletário para esse desenvolvimento, pois, do contrário, os capitalistas o farão.[24]

Agora, é preciso estabelecer uma estratégia de "construção do edifício socialista em um país pequeno-camponês",[25] dirá Lenin em diversos textos da época. E em um país pequeno-camponês arruinado pela guerra e que não pode contar, nesse momento, com o apoio dos países econômica e tecnologicamente mais avançados.

Lenin assim fundamenta essa mudança estratégica:

> Não resta dúvida de que, em um país em que a imensa maioria da população é constituída de pequenos produtores agrícolas, uma revolução socialista possa ser realizada somente mediante toda uma série de medidas especiais de transição, que seriam supérfluas em países capitalistas altamente desenvolvidos, nos quais os trabalhadores assalariados na indústria e na agricultura constituem a grande maioria. Os países capitalistas desenvolvidos têm uma classe de trabalhadores rurais assalariados formada ao longo de muitas décadas. Somente essa classe pode apoiar social, econômica e politicamente uma transição direta para o socialismo. Somente em países nos quais essa classe está suficientemente desenvolvida é possível passar diretamente do capitalismo para o socialismo, sem necessidade de medidas de transição especiais em todo o país.[26]

> Em muitos trabalhos escritos, em todas as nossas intervenções públicas e em toda a imprensa, temos assinalado que este não é o caso da Rússia, que aqui os operários industriais são uma minoria e que os pequenos agricultores são uma grande maioria. Em um país assim, a revolução socialista só pode triunfar com duas condições. A primeira condição: se é apoiada oportunamente por uma revolução socialista em um ou em vários países avançados. Como vocês sabem, temos feito muito mais do que no passado para desfrutar dessa condição, mas isso não basta para que seja uma realidade. A segunda condição é o acordo entre o proletariado – que exerce sua ditadura, isto é, tem em suas mãos o poder estatal – e a maioria da população camponesa. [...] Sabemos que, enquanto não acontecer a revolução em outros países, somente

---

[24] *Op. cit.*, p. 505.
[25] Lenin, "IV Aniversário da Revolução de Outubro", (18 de outubro de 1921), t. 35, p. 491.
[26] *Op. cit.*, p. 491.

o acordo com o campesinato pode salvar a revolução socialista na Rússia.[27]

Mas o Estado proletário não apenas deve se converter em comerciante atacadista, mas também, por outro lado, deve investir suas reservas em ouro, não em meios de produção, como afirmava o programa bolchevique, mas em meios de consumo para alimentar os operários e os camponeses, que ficaram tão esgotados e extenuados pela guerra que simplesmente não podiam trabalhar. De nada adiantava comprar máquinas se não houvesse a força de trabalho para colocá-las em movimento.

Não bastava a existência de um Estado proletário, como acreditaram os bolcheviques, no início, para organizar "a produção estatal e a distribuição estatal de produtos à maneira comunista, em um país pequeno-camponês". "A experiência nos mostrou nosso erro – diz – nos fez ver que é necessária uma série de etapas de transição: o capitalismo de Estado e o socialismo, para preparar, com muitos anos de esforço, a passagem para o comunismo."[28]

---

[27] Lenin, "Informe sobre a substituição do confisco de excedentes...", (15 de março de 1921). *In* "X Congresso do PC(b)R", t. 35, p. 57-58.

[28] Lenin, "IV Aniversário da Revolução de Outubro", (18 de outubro de 1921), t. 35, p. 492.

3. A ESTRATÉGIA NO TERRENO MILITAR

Por último, para facilitar a compreensão do conceito político de estratégia, parece-nos útil nos valermos do mesmo exemplo que Lenin usa para explicar em que consiste a mudança estratégica de 1921. Trata-se de um exemplo extraído da guerra russo-japonesa do início do século: a tomada de Port Arthur pelo general japonês Nogi. Lenin sustenta que se trata de "um dos maiores acontecimentos da história contemporânea",[1] devido a que Port Arthur era o principal acesso da Rússia tsarista para o oceano Pacífico. A queda da fortaleza e a destruição da armada russa do Pacífico significou a transferência da hegemonia dessa região para os japoneses: supremacia total no mar e controle de quase toda a península de Liaotung, com o que o Japão obteve uma base de operações de imensa importância que lhe permitiu pressionar a Coreia, a China e a Manchúria, à frente de quase 100 mil homens para atacar o exército russo nessa região. A capitulação de Port Arthur, definida por Lenin como um "golpe irreparável no terreno militar", foi o começo da derrota do exército tsarista e um dos elementos a serem considerados entre as condições objetivas da revolução russa de 1905. Para alcançar seu objetivo, tomar Port Arthur, os japoneses tentaram, primeiro, atacar diretamente a fortaleza. Mas, depois de inúmeros fracassos e perdas humanas, tiveram de abandonar esse caminho e escolher o longo caminho do cerco.

---

[1] Lenin, "A queda de Port Arthur", (1º de janeiro de 1905), t. 8, p. 37.

Vejamos agora como Lenin descreve a situação:

> A primeira etapa foi a de assaltos diretos, que fracassaram e custaram ao famoso militar japonês perdas extraordinariamente graves. A segunda etapa foi o cerco da fortaleza, muito difícil, extremamente penoso e prolongado, realizado de acordo com todas as regras da arte militar; precisamente por esse meio, ao fim de um determinado tempo, a fortaleza foi conquistada [...].[2]

Ao examinar tais fatos, Lenin se pergunta: "Foram equivocados os assaltos diretos à fortaleza? E, se o foram, em que circunstâncias o exército japonês devia admitir essa posição errônea para poder cumprir seu objetivo? Em que medida devia admitir que os assaltos foram equivocados?"

> À primeira vista – acrescenta – a resposta parece, é claro, muito simples. Se os repetidos assaltos diretos a Port Arthur resultaram ineficazes – o que é um fato indiscutível – se as perdas sofridas pelos atacantes foram enormes – o que também é um fato indiscutível – é evidente (que o) ataque direto e imediato contra a fortaleza de Port Arthur foi um erro e isto não necessita de outra prova.

Contudo, Lenin reconhece que não era fácil resolver o problema, já que eram muitos os fatores desconhecidos. Sem a experiência prática, era difícil determinar o caminho a seguir para se apoderar da fortaleza inimiga. "Era impossível determiná-lo – afirma – sem indagar na prática sobre a capacidade de resistência da fortaleza, a solidez de suas fortificações, o estado de sua guarnição etc."[3]

> Se analisamos o desenvolvimento das operações militares em seu conjunto e as condições em que operava o exército japonês – acrescenta mais adiante – devemos chegar à conclusão de que os assaltos contra Port Arthur foram, não apenas o heroísmo de um exército capaz de suportar as maiores perdas, mas também 'o único caminho' possível naquelas circunstâncias, isto é, no começo das hostilidades [...] pois, sem colocar à prova as forças na tarefa concreta de tomar a fortaleza por assaltos, sem comprovar a capacidade de resistência do inimigo, não existiam motivos para utilizar um método de luta mais prolongado e penoso que, pelo

---

[2] Lenin, "Informe sobre a NEP", (29 de outubro de 1921), "VII Conferência do Partido na Província de Moscou" t. 35, p. 530.

[3] *Op. cit.*, p. 531.

próprio fato de ser prolongado, continha uma série de perigos de outro tipo. Do ponto de vista da operação em seu conjunto, não podemos deixar de considerar sua primeira etapa, composta de assaltos diretos, como necessária e útil, porque, repito, sem essa experiência, o exército japonês não teria tido suficiente conhecimento das condições concretas da luta. Qual era a situação desse exército quando se encerrava o período da luta através do assalto à fortaleza inimiga? Milhares e milhares de combatentes haviam caído e cairiam outros milhares, mas a fortaleza não podia ser tomada daquele modo.[4]

Esta situação determina que se abandone o caminho do assalto e se inicie a etapa do assédio. Mas, para isso foi necessário, sustenta Lenin finalmente, "mudar a disposição das tropas, redistribuir os materiais e equipamentos de modo diferente e, é claro, modificar certos métodos e operações" e, para alcançá-lo, se devia "reconhecer categoricamente, com precisão e clareza, que a etapa anterior havia sido um equívoco". Como se sabe, este novo caminho conduziu a "uma vitória total, embora 'tenha demandado' muito mais tempo que o previsto".[5]

Até aqui vai a explicação de Lenin. Continuaremos analisando este exemplo para estudar em detalhes os elementos que o general Nogi teve de levar em consideração para conduzir com êxito o ataque a Port Arthur. Isso nos permitirá definir o que se entende por estratégia no terreno militar, para, em seguida, definir o que entendemos por estratégia no terreno político.

A primeira decisão que Nogi teve de tomar foi decidir onde devia dar o golpe principal, isto é, qual era o elo decisivo, o ponto no qual devia concentrar mais forças para iniciar o ataque contra o exército tsarista, porque, se conseguisse alcançar esse objetivo, isso significaria que, de fato, havia ganho a guerra. O papel estratégico que a fortaleza de Port Arthur desempenha no controle do Pacífico – em uma época em que as guerras se definem em grande medida pelo controle dos

---

[4] *Op. cit.*, p. 531-532.
[5] *Op. cit.*, p. 532.

mares – fez com que ele se decidisse por esse objetivo. Em seguida, planejou como devia se desenvolver o combate e como distribuir suas tropas, materiais e equipamentos em função disso. Pressionado pela necessidade da surpresa para evitar que os russos concentrassem suas forças em torno do objetivo escolhido, e contando com uma imensa superioridade numérica, escolheu o caminho do assalto direto para a tomada da fortaleza, acreditando que com isso alcançaria uma vitória rápida. Suas avaliações são equivocadas. Encontra uma resistência muito maior do que a esperada, não calcula corretamente nem a solidez das fortificações de Port Arthur, nem o estado de ânimo de sua guarnição, que luta com grande heroísmo. Todos os ataques lançados contra a fortaleza fracassam, resultando em enormes perdas humanas e materiais para o exército japonês.

Os novos dados obtidos à custa desse fracasso inicial – dados que, segundo Lenin, somente podiam ser obtidos pela experiência prática da luta – determinaram a escolha de outro caminho para alcançar o mesmo objetivo: do assalto direto à fortaleza, que caracterizou a primeira etapa da luta, passa-se agora a uma segunda etapa, a do cerco. Essa mudança de linha implica também numa mudança na disposição das forças, uma modificação no fornecimento dos materiais e equipamentos e, é claro, modificação da forma como se levam a cabo as operações.

A ciência militar que estuda todos os elementos anteriormente apontados chama-se estratégia. A estratégia, do ponto de vista militar, determina: a) a direção do golpe principal e, portanto, a necessidade das mudanças estratégicas; b) as forças próprias, com as quais se darão os combates principais e de reserva, sua moral etc., e a sua disposição para alcançar os objetivos propostos; c) as forças do inimigo e sua provável estratégia; d) o terreno no qual se darão os combates; e) os meios e modos para resolver os problemas estabelecidos; f) o fornecimento de materiais e equipamentos, isto é, o abastecimento técnico e material.

Pois bem, a estratégia é, ao mesmo tempo, uma ciência e uma arte. Baseando-se no conhecimento das leis da guerra e no conhecimento das próprias forças e das do inimigo, o estrategista é capaz de prever o caráter das operações militares na futura guerra, orientando as atividades das próprias forças armadas com base nessas previsões. Este é um aspecto subjetivo que se soma ao conhecimento das leis objetivas. Por isso, nem todo conhecedor profundo das leis da guerra chega a ser um brilhante estrategista. Há aqui o papel do elemento intuitivo, que não se pode apreender em nenhuma academia militar. Os grandes estrategistas se revelam na própria luta.

Simplificando, diremos que, na linguagem militar, dá-se o nome de estratégia à forma de planejar, organizar e orientar os diversos combates (campanhas e operações), tendo em conta uma visão de conjunto de todas as forças com as quais se conta, assim como das forças inimigas, para atingir o objetivo fixado: ganhar a guerra contra determinados adversários.

Tática são as diferentes operações executadas concretamente para levar a cabo os combates, de acordo com o plano estratégico geral. Por exemplo, são táticos os seguintes procedimentos: interromper as comunicações do inimigo, o fornecimento de víveres etc.; incendiar os lugares próximos para tornar o ambiente irrespirável; simular ataques em um ponto e executá-los em outro; simular uma retirada e atacar em seguida; lançar uma emboscada contra reforços etc.

Por último, chama-se objetivo estratégico final o objetivo que se busca em última instância. No nosso exemplo, ganhar a guerra, destruindo o exército russo.

Denominam-se objetivos estratégicos parciais os objetivos perseguidos em cada etapa particular da luta. Em nosso caso, a tomada da fortaleza de Port Arthur.

A relação entre um objetivo estratégico parcial e o objetivo estratégico final, assim como a relação entre a estratégia e a tática, é uma relação entre o todo e a parte. É preciso levar em consideração a situação da guerra em seu conjunto, em todas as suas etapas. Não ter o objetivo final permanentemente presente pode significar afundar-se em problemas secundários e perder a guerra.

As orientações estratégicas e táticas devem ser organizadas na elaboração de um plano. E, à medida que este é aplicado, deve ser feita uma análise de seu resultado: se corresponde à situação real e se permite que se avance. Esse plano deve ser modificado de acordo com a análise da experiência. O método principal que se deve adotar é o de aprender a combater no curso da própria guerra.

4. O CONCEITO POLÍTICO DE ESTRATÉGIA

Depois dessas explicações, que começaram pela distinção entre correlação de classes e correlação de forças, continuaram pelas análises realizadas por Lenin em diferentes momentos da história da Rússia, relacionadas com a correlação de classes existente e o caminho a seguir em tais condições, e terminaram com um exemplo da guerra russo-japonesa do século XX, que nos permitiu precisar os diferentes elementos que fazem parte da estratégia militar e sua diferenciação com a tática militar, chegamos finalmente a nosso objetivo: precisar o que daqui em diante denominaremos estratégia e tática no plano político.

A estratégia e a tática fazem parte da ciência da direção política revolucionária. Entende-se por estratégia e tática de um partido "sua conduta política, isto é, o caráter, a orientação e os procedimentos de sua atuação política[1] em relação a uma situação política concreta. A estratégia revolucionária determina o caminho geral pelo qual deve ser canalizada a luta de classes do proletariado para conseguir seu objetivo final: a derrota da burguesia e a implantação do comunismo, ou seja, é a forma como se planejam, se organizam e se orientam os diferentes combates sociais para alcançar esse objetivo.

---

[1] Lenin, "Duas táticas...", *Op. cit.*, t. 9, p. 18.

Elementos que devem ser considerados para se elaborar uma estratégia política adequada

Para poder formular uma estratégia adequada, a vanguarda deve ser capaz de determinar com exatidão quais são as classes, as forças sociais que se enfrentam no terreno da luta política, como estão agrupadas umas contra as outras e quais são as formas mais gerais que adotam em seus enfrentamentos de classes. E como se consegue isso? Reportemo-nos aos princípios indicados por Lenin em 1914, quando sintetiza as colocações de Marx sobre este tema.[2]

Para que a classe de vanguarda possa conduzir corretamente a luta deve: a) avaliar objetivamente o conjunto das relações mútuas entre todas as classes, sem exceção, de uma dada sociedade, assunto que está relacionado com o grau objetivo de desenvolvimento dessa sociedade, assim como as relações entre essa sociedade concreta e as outras sociedades; b) examinar todas as classes e todos os países de um modo dinâmico e não estático.[3] As leis desse movimento emanam das condições econômicas de vida de cada classe; c) esse movimento deve ser estudado "não apenas do ponto de vista do passado, mas também do ponto de vista do futuro", e não com o "critério vulgar dos evolucionistas, que só veem as mudanças lentas, mas dialeticamente [...]"[4] Lenin introduz aqui, mais tarde, um detalhe importante: a necessidade de se levar em conta "a experiência dos movimentos revolucionários".;[5] d) as "épocas de estagnação política ou de desenvolvimento lento" devem ser aproveitadas para desenvolver a consciência, a força, a capacidade combativa da classe de vanguarda, canalizando todo esse trabalho para o objetivo final do movimento de tal classe. Dessa maneira se está capacitando-a

---

[2] Lenin, "Karl Marx", (julho-novembro de 1914), t. 22, p. 167-172.
[3] Lenin, "O 'esquerdismo', doença infantil do comunismo", (20 de maio de 1920), t. 33, p. 168.
[4] Lenin, "Karl Marx", *Op. cit.*, p. 168.
[5] Lenin, "O 'esquerdismo'...", *Op. cit.*, p. 168.

para enfrentar as grandes tarefas dos períodos revolucionários;[6] e) deve-se lutar pelos interesses imediatos do proletariado, mas, ao mesmo tempo, defender, dentro do movimento atual, o futuro desse movimento. Lenin aprofunda essa ideia quando sustenta que "os interesses do desenvolvimento social estão acima dos interesses da classe operária", e "os interesses de todo o movimento operário em seu conjunto estão acima dos interesses de uma ou outra camada de operários, ou de tal ou qual aspecto do movimento".[7]

Resumindo, é fundamental "levar em consideração o conteúdo objetivo do processo histórico no momento concreto dado e na situação concreta dada..."[8] Isto é, qual é a classe dirigente da revolução nesse momento histórico dado.

Lenin considera que, para alcançar esse objetivo, devemos considerar as características das grandes épocas históricas dentro das quais se inserem os processos revolucionários concretos. Somente se levarmos em consideração os traços distintivos das diferentes épocas históricas – diz – poderemos determinar "qual classe ocupa o lugar central em tal ou qual época" e "somente o conhecimento dos traços fundamentais de uma época dada nos servirá de base para considerar as particularidades mais detalhadas de tal ou qual país"; e ainda que não possamos determinar com precisão "com que rapidez e com que êxito se desenvolverão os diferentes movimentos históricos de uma época dada",[9] poderemos, sim, determinar seu conteúdo principal, a tendência principal de seu desenvolvimento, isto é, podemos traçar corretamente nossa estratégia.

A estratégia política implica um conhecimento das leis que regulam a luta de classes, de como uma classe se situa em relação a outras dependendo do grau de desenvolvimento do movimento

---

[6] Lenin, "Karl Marx", *Op. cit.*, p. 168.
[7] Lenin, "Projeto de Programa de nosso Partido", (fins de 1899), t. 4, p. 240.
[8] Lenin, "Bajo una bandera ajena (1915), t. 22, p. 237.
[9] *Op. cit.*, p. 239.

revolucionário. Aproveitando esse conhecimento objetivo, o estrategista político é capaz de prever o curso que a luta de classes possivelmente adotará, podendo, assim, determinar qual o caminho a seguir para que essa luta consiga conquistar mais plenamente seus objetivos. Essa previsão é o fator subjetivo que intervém na direção estratégica. Nem sempre ele é aplicado ao pé da letra; a realidade é muito complexa e mutante; nela intervém, como um dos fatores difíceis de se prever, a estratégia do inimigo.

Basta recordar aqui duas proposições estratégicas que não se concretizaram historicamente como Lenin havia previsto: a) na revolução que derruba o tsarismo, a burguesia não desempenha um papel neutro ou contrarrevolucionário, mas chega a se apoderar do poder estabelecido. Mas Lenin acertou em sua análise estratégica quando anteviu que seria o proletariado e o campesinato as forças motrizes fundamentais dessa revolução. E que a burguesia, na medida em que movimento revolucionário fosse radicalizando, iria passando ao campo da contrarrevolução; b) a revolução socialista nos países avançados, com a qual se contava para todas as proposições estratégicas da construção do socialismo em um dos países mais atrasados da Europa, não aconteceu como Lenin previu. Contudo, surgiu nesses países um movimento de solidariedade proletária tal que, de fato, se transformou em um dos fatores determinantes da incapacidade da burguesia imperialista mundial para esmagar o primeiro Estado socialista. Poderíamos dizer, então, que Lenin acertou no fundamental de suas proposições estratégicas, embora na prática concreta da luta de classes as coisas não ocorreram tal como haviam sido previstas em seus detalhes.

Mas, sem dúvida, onde o gênio político de Lenin se revela em toda a sua plenitude é na condução da revolução russa no período de fevereiro a outubro de 1917. Foi tamanho seu acerto, tamanha a razão que os fatos lhe deram que, depois de se encontrar em completa minoria, em seu próprio partido, chegou a ser o líder indiscutível de milhões e milhões de operários e camponeses russos.

O ponto de partida da estratégia é a análise da correlação de classes que existe nesse momento em um determinado país. Esses dados são obtidos a partir de uma análise marxista da sociedade e das classes sociais, classes essas que são a expressão, no âmbito político, dessa estrutura social. Mas não se limita a uma análise estática desses dados, mas os projeta dinamicamente para o futuro, partindo das leis tendenciais do desenvolvimento da luta entre essas classes e da experiência prática obtida nas lutas anteriores, tanto de seu próprio país quanto de outros países. Isso permite ao estrategista prever quais serão as forças motrizes do futuro processo revolucionário, qual será sua força dirigente e qual deve ser a política a seguir para se ganhar cada vez mais adeptos para a causa revolucionária.[10] É desnecessário dizer que essa correlação de classes interna não pode ser isolada da correlação de classes no âmbito internacional, já que, desde que o modo de produção capitalista se universaliza, não há lutas internas em um país, por menores que sejam, que não tenham uma repercussão no sistema global.

Agora, uma vez pronto o diagnóstico das forças com as quais é possível conduzir a revolução à vitória, é preciso constituir esse aglomerado de forças sociais. Quer dizer, passar da análise da correlação de classes possível para a construção de uma correlação de classes real. Em outras palavras, é necessário articular a aliança de classes que permitirá levar adiante a revolução, ou construir o que Lenin denomina de "exército de lutadores políticos".[11] E para articular esse exército político, sem o qual o triunfo da revolução é impossível, é fundamental contar primeiro com o que Lenin

---

[10] Lenin, "Atitude frente aos partidos burgueses", (21-25 de maio de 1907), t. 12, p. 473.

[11] Lenin, "Informe sobre a revolução de 1905", (9 de janeiro de 1917), t. 24, p. 263.

chama de um "exército permanente de lutadores experientes",[12] isto é, com uma organização política que se constitua na vanguarda da luta revolucionária.

Para atingir o objetivo final, e mesmo os objetivos parciais a que o proletariado se propõe, este deve travar uma luta revolucionária de caráter complexo. A vitória não é conseguida de imediato, com uma só batalha. Ao contrário, ela é o resultado do desdobrar de múltiplas atividades e da superação de um obstáculo após outro. Agora, para que toda essa atividade da vanguarda e das massas por ela conduzidas não se traduzam em atividades anárquicas, para que todas elas contribuam para o avanço da luta revolucionária do proletariado, devem ter uma linha orientadora, um fio condutor: a estratégia. A estratégia é aquilo que dá sentido às atividades revolucionárias diárias nas diferentes frentes da luta; que permite somar seus resultados e preparar as forças revolucionárias para enfrentamentos mais decisivos. Se se perde de vista a estratégia, a ação política pode se tornar imediatista e, mesmo, cair no oportunismo.[13]

As tarefas da estratégia revolucionária

São tarefas da estratégia revolucionária: a) definir corretamente os inimigos da revolução, tanto os inimigos estratégicos quanto os imediatos. Avaliar suas forças e sua estratégia provável. Aproveitar ao máximo as contradições entre os inimigos da revolução; b) determinar corretamente a força dirigente da revolução, suas forças motrizes e seus possíveis aliados; c) construir o exército político revolucionário, isto é, articular essa aliança, ou aglomerado, ou bloco de forças sociais capaz de levar adiante a revolução até sua vitória. Elaborar os planos para incorporar à revolução setores cada vez mais amplos da população. Concentrar essas forças contra o inimigo imediato. De-

---

[12] Lenin, "Que fazer?", (janeiro de 1901), t. 5, p. 561.
[13] Le Duan, "La revolución vietnamita", Editorial de Ciencias Sociales, La Habana, 1971, p. 45.

terminar o elo decisivo que permitirá atrair para si todo o conjunto, indicando o ponto central para o qual deve convergir e em torno do qual deve se condensar toda a multiforme atividade da vanguarda; e) determinar a via mais provável do desenvolvimento da revolução.

Em relação a esse conceito, parece-nos importante distinguir entre: o objetivo estratégico final da luta de classes do proletariado, que não é outra coisa senão a derrubada da burguesia e a construção do comunismo; os objetivos estratégicos parciais, que são aqueles que se perseguem em cada processo revolucionário conforme o seu caráter; e os objetivos imediatos, que são aqueles que se perseguem em cada etapa de seu desenvolvimento.

III – CORRELAÇÃO DE FORÇAS

Como vimos, não se deve confundir o conceito de correlação de classes com o conceito de correlação de forças. Este último refere-se à comparação entre as forças do inimigo e as forças dos revolucionários em um determinado momento do desenvolvimento da revolução ou conjuntura política.

Essa correlação de forças, portanto, diferentemente da correlação de classes, não pode ser prevista antecipadamente e depende de inúmeros fatores que se relacionam com cada situação concreta. Por isso, Lenin afirma que "a relação de forças entre as classes revolucionárias e contrarrevolucionárias [...] só pode ser medida e comprovada na luta".[1]

E não é apenas difícil prevê-la antecipadamente, como também é difícil fazer estimativas com precisão, especialmente nos períodos revolucionários. Nos períodos de guerra civil, a correlação de forças deve, por um lado, ser estimada em números enormes (dezenas de milhões de homens, no caso da revolução russa), "pois uma força menor não conta em política" – afirma Lenin;[2] por outro lado, ele acrescenta:

> a guerra civil se diferencia de uma guerra comum por ser muito mais complexa, pela imprecisão e pela impossibilidade de determinar a composição das facções em luta, devido à passagem de elementos de uma facção para outra, devido à impossibilidade

---

[1] Lenin, "Contra o boicote", (26 de junho de 1907), t. 13, p. 14.
[2] Lenin, "Reunião do CEC de toda a Rússia", (23 de abril de 1918), t. 29, p. 47.

de se traçar uma linha divisória entre 'combatente' e não combatente.[3]

Apesar dessas dificuldades, contudo, gênios políticos como Lenin têm sido capazes de realizar estimativas corretas da correlação de forças em diversas conjunturas políticas. Lamentavelmente, ele nunca explicitou a metodologia que usou para tirar suas conclusões. Somente fazendo um estudo exaustivo de suas análises de diferentes situações concretas poderemos obter alguns ensinamentos úteis para os dirigentes revolucionários.

---

[3] Lenin, "O novo ascenso", (6 de maio de 1906), t. 10, p. 387.

1. ANÁLISE DA CORRELAÇÃO DE FORÇAS EM DIFERENTES CONJUNTURAS POLÍTICAS

Equilíbrio de forças em outubro de 1905

Examinemos, em primeiro lugar, por que Lenin estimou que existia um equilíbrio de forças depois da greve geral política que aconteceu na Rússia em outubro de 1905 e que marcou o início do período de maior ascenso da revolução. Segundo ele, esse equilíbrio de forças se deve a que, se por um lado o tsarismo já não tinha forças para conter a revolução, a revolução, por seu lado, ainda não tinha forças suficientes para abatê-lo.[1]

Mas, em que se manifesta essa incapacidade do tsarismo para conter a revolução? Fundamentalmente em sua impotência para reprimir as ações revolucionárias de massas por falta de decisão das tropas. Estas vacilam, não lançam com a mesma energia de antes sua capacidade de repressão contra o movimento popular, começam a negociar com ele. O Poder Judiciário também vacila. E isso resulta, por sua vez, em um desenvolvimento gigantesco dos fenômenos revolucionários (greves, comícios, barricadas, sabotagens) e inúmeras manifestações de protesto.

Lenin avalia que, nesse equilíbrio de forças, toda demora implica em um grave perigo para o tsarismo, pois essa situação faz aumentar irremediavelmente as vacilações no exército,[2] o que pode ocasionar insurreições nos quartéis.

---

[1] Lenin, "Equilíbrio de forças", (17 de outubro de 1905), t. 9, p. 415.
[2] Lenin, "A primeira vitória da revolução", (1º de novembro de 1905), t. 9, p. 430.

> E quanto mais cedo o proletariado conseguir se armar e mais tempo conseguir manter sua posição combatente como grevista revolucionário – afirma em outro texto – mais cedo as tropas começarão a vacilar e mais se multiplicarão, entre os soldados, aqueles que acabarão por compreender o que fazem e que abraçarão a causa do povo contra os verdugos, contra o tirano, contra os assassinos de operários indefesos e de suas mulheres e filhos.[3]

Por outro lado, os choques isolados com as tropas mais fiéis ao regime servem apenas para inflamar as paixões, para fazer crescer a indignação do povo.[4]

Outra das características do equilíbrio de forças é a tendência do regime dominante de retroceder momentaneamente, de negociar ante a incerteza do desenlace dessa situação e para impedir que ela se prolongue no tempo, com os riscos que advêm disso. Nessas circunstâncias, as forças de oposição podem conseguir direitos legislativos, liberdades cívicas, inviolabilidade da pessoa, liberdade de consciência, palavra, reunião e associação etc. Mas essa atitude – esclarece Lenin em novembro de 1905 – não significa que o regime tenha capitulado, nem de longe, mas sim que retrocede para uma nova posição, que parece melhor fortificada, à espera "de reunir efetivos mais seguros, uni-los de um modo compacto, dar-lhes ânimo e escolher um momento melhor para o ataque". E assim efetivamente aconteceu: em dezembro, o tsarismo descarregou todas as suas forças contra a insurreição de Moscou e, daí para a frente, empregou suas forças repressivas contra as manifestações populares até conseguir liquidar, definitivamente, a primeira revolução russa em meados de 1907.

Vejamos como Lenin descreve retrospectivamente esta situação em maio de 1906.

> Em outubro, as forças de ambos os lados em luta chegaram a se equilibrar. A antiga autocracia já se encontrava sem forças para governar o país. O povo, entretanto, não contava com forças para

---

[3] Lenin, "O começo da revolução na Rússia", (8 de janeiro de 1905), t. 8, p. 94.
[4] Lenin, "A primeira vitória...", *Op. cit.*, p. 431.

> alcançar a plenitude do poder, que assegura a plenitude da liberdade. O manifesto de 17 de outubro foi a expressão jurídica desse equilíbrio de forças. Mas esse equilíbrio de forças que obrigou o antigo poder a fazer concessões e a reconhecer a liberdade em documento, era somente uma breve trégua e de modo algum a interrupção da luta [...] no momento oportuno deu-se um combate encarniçado, pelo qual se obteve a vitória. Em toda guerra, os adversários cujas forças estão equilibradas dão uma parada por algum tempo, acumulam forças, descansam, assimilam a experiência, preparam-se e se lançam de novo ao combate [...]. Assim acontecerá sempre em toda guerra civil.[5]

Agora, como o proletariado pode romper, nessa situação, o equilíbrio de forças? Só pode fazê-lo se, depois do primeiro êxito alcançado nas cidades, conseguir, por um lado, que as tropas abandonem sua atitude neutra e passem para o seu lado e, por outro, que a revolução se estenda ao campo.[6]

Correlação internacional de forças em maio de 1918

Outra análise exemplar da correlação de forças existente na Rússia, em maio de 1918, encontra-se no "Informe de Lenin sobre política exterior na sessão conjunta dos comitês executivos centrais de toda a Rússia e o Soviete de Moscou". Dessa análise se conclui pela necessidade de examinar as contradições internas das forças inimigas para se chegar a uma correta avaliação de sua força efetiva.

Durante a primeira guerra imperialista mundial, surgiram tantas contradições entre as coalizões das potências imperialistas que a tendência básica para a aliança dos imperialistas de todos os países na defesa do capital permaneceu reprimida pelas contradições beneficiando a solitária revolução socialista. "Assistimos" – afirma Lenin – "a uma situação em que ondas ensandecidas da reação imperialista [...] investem contra a pequena 'ilha' da República Soviética Socia-

---

[5] Lenin, "Um novo ascenso...", *Op. cit.*, p. 387.
[6] Lenin, "A primeira vitória da revolução", *Op. cit.*, p. 435.

lista, parecendo que vão submetê-la a qualquer instante, mas, nas lutas, essas forças se batem umas contra as outras".

> As contradições fundamentais entre as potências imperialistas levaram a uma luta tão implacável que, mesmo compreendendo sua falta de perspectiva, nenhum grupo tinha condições de se livrar, por vontade própria, das garras dessa guerra. A guerra pôs em destaque duas contradições principais, que são, a um só tempo, aquelas que determinaram a atual situação internacional da República Socialista Soviética. A primeira delas é a luta extremamente encarniçada entre a Alemanha e a Inglaterra, na frente ocidental. [...]A segunda das contradições que determinam a situação internacional da Rússia é a rivalidade entre o Japão e os Estados Unidos. O desenvolvimento econômico desses países, no decorrer de várias décadas, acumulou grande quantidade de material bélico, que tornou inevitável um choque desesperado entre eles pelo domínio do oceano Pacífico e seu litoral. Toda a história diplomática e econômica do Extremo Oriente não deixa lugar a dúvidas de que, nas condições do capitalismo, é impossível evitar iminente conflito entre o Japão e os Estados Unidos. Essa contradição, agora temporariamente dissimulada pela aliança entre o Japão e os Estados Unidos contra a Alemanha, detém o ataque do imperialismo japonês à Rússia, ataque que foi preparado durante um longo período, cujo terreno foi sondado durante muito tempo e que, até certo ponto, se iniciou e é apoiado pelas forças contrarrevolucionárias. A campanha iniciada contra a República Socialista (desembarque em Vladivostok, apoio aos grupos armados de Semionov) tem sido contida porque ameaça transformar o conflito latente entre o Japão e os Estados Unidos em uma guerra aberta.[7]

Lenin reconhece, contudo, que a situação é muito instável e que basta a menor faísca para explodir esse agrupamento de potências se assim exigirem os sagrados direitos da propriedade privada. Se isso ocorrer, as mencionadas contradições já não servirão de defesa para a nascente República Soviética. Ele não apenas sustenta que é preciso levar em conta as contradições que surgem entre as potências imperialistas, mas também "a situação do imperialismo internacional

---

[7] *Op. cit.*, p. 122-123.

em relação com a classe, que cresce e que, mais cedo ou mais tarde [...], vencerá o capitalismo em todo o mundo".[8]

A classe operária dos países imperialistas, embora não tenha conseguido fazer a revolução em seu próprio país, como Lenin esperava, foi quem, com seu comportamento solidário, determinou, em última instância, que a Rússia Soviética saísse vencedora, em 1920, da guerra contra as potências mais poderosas do mundo. Como se explica isso? Vejamos sua resposta:

> Naturalmente, não porque fôssemos mais fortes do ponto de vista militar — não éramos — mas porque, nos países civilizados, havia soldados que já não eram enganados, apesar de se procurar mostrar-lhes, com montões de papel, que os bolcheviques eram agentes alemães, usurpadores, traidores e terroristas. E como resultado disso, vemos os soldados regressarem de Odessa como bolcheviques convictos ou declarando que não 'combateriam contra o governo operário e camponês'. A causa fundamental de nossa vitória foi que os operários dos países avançados da Europa Ocidental compreendem e simpatizam com a classe operária do mundo todo tão fortemente que, apesar das mentiras da imprensa burguesa, em suas edições de milhões de exemplares difundindo calúnias repulsivas contra os bolcheviques, apesar de tudo, os operários se puseram de nosso lado e esse fato decidiu a nossa sorte na guerra. Estava claro para todos que, se centenas de milhares de soldados tivessem combatido contra nós como combateram contra a Alemanha, não nos sustentaríamos. Isso era evidente para quem soubesse o significado de uma guerra. E, contudo, se deu o milagre: derrotamos o inimigo, que se arruinou em querelas mútuas e sua famosa Liga das Nações terminou por se parecer a uma liga de cães raivosos, disputando ossos entre si, que não conseguem chegar a um acordo sobre problema algum; enquanto isso os partidários dos bolcheviques, diretos e indiretos, conscientes ou pouco conscientes, aumentam em cada país, já não dia após dia, mas hora após hora.[9]

---

[8] *Op. cit.*, p. 123-124.

[9] Lenin, "Discurso pronunciado no I Congresso Constituinte de Operários Mineiros de toda a Rússia", (abril de 1920), t. 33, p. 80-81.

Existe – diz Lenin – uma aliança internacional, "não registrada em parte alguma, nem referendada formalmente, que, do ponto de vista de 'direito público' nada representa",[10] mas que permitiu ao primeiro Estado socialista da terra defender-se de um inimigo incrivelmente mais poderoso e conquistar novos adeptos através do mundo. Outro elemento da correlação internacional de forças que jogou a favor da Rússia foi a política do poder soviético em relação à burguesia dos pequenos Estados.

> Soubemos ganhar para nós não apenas os operários de todas as nações – diz Lenin – mas também a burguesia dos pequenos países, porque os imperialistas oprimem não apenas os operários de seus próprios países, mas também a burguesia dos pequenos Estados.[11]

Essa situação fez com que a burguesia internacional fracassasse na tentativa de submeter o novo Estado operário, causando um equilíbrio entre as forças do imperialismo em seu conjunto, por um lado, e a Rússia soviética, por outro. Trata-se – esclarece Lenin – de um relativo equilíbrio, muito instável e de caráter limitado, relacionado apenas com a luta militar entre ambos os lados. Sabemos perfeitamente bem, é claro – acrescenta – "que a burguesia internacional é, na atualidade, muito mais forte que nossa República, e que somente uma combinação única de circunstâncias a impede de continuar a guerra contra nós".[12]

Ao analisar a correlação militar de forças entre diferentes Estados, devemos então levar em conta que não basta considerar o poderio militar de cada um deles (tropas, armamento, logística etc.). Desse ponto de vista, o poderio militar dos inimigos imperialistas

---

[10] Lenin, "Informe do CC", (29 de março de 1920). *In* "IX Congresso do PC(b)R", t. 33, p. 34.

[11] *Op. cit.*, p. 36.

[12] Lenin, "Informe sobre a tática do PC(b)R", (5 de julho de 1921). *In* "O III Congresso da Internacional Comunista", t. 35, p. 381-382.

era imensamente superior ao do Exército Vermelho,[13] que teve de ser formado nas piores condições de fome e esgotamento físico de seus efetivos e que contou somente com suas próprias forças. O importante é saber se esse poderio militar potencial pode ser traduzido em poderio militar efetivo.

O que impediu que o novo Estado socialista fosse abatido pelo poderio militar imensamente superior das potências imperialistas foi justamente o fato de que esse poderio militar potencial não pôde ser traduzido em um poderio efetivo devido, por um lado, às contradições existentes entre as diversas potências agressoras, que se neutralizavam mutuamente. Por outro, devido às contradições existentes entre as burguesias dos pequenos países imperialistas. Por último, às contradições entre os governos burgueses desses países e suas respectivas classes operárias, que formavam a base fundamental de suas tropas.

As armas sofisticadas e o número de unidades militares altamente especializadas de nada valem se aqueles que manejam as armas não estão dispostos a fazer uso delas contra o exército inimigo. Lenin atribui tanta importância ao caráter de classe da constituição das tropas das potências imperialistas, que chegou a colocar em dúvida a possibilidade de êxito militar da República Soviética se esta tivesse de lutar com guardas brancos que, em lugar do apoio de países avançados, tivessem apoio de países atrasados. "O curso de uma guerra – afirma – depende dos operários dos países avançados a tal ponto que não pode ser travada contra sua vontade e, em suma, com sua resistência passiva e semipassiva, fizeram fracassar a guerra contra nós."[14]

---

[13] Lenin, "VII Congresso dos Sovietes de toda a Rússia", (dezembro de 1919), t. 32, p. 198.

[14] Lenin, "Discurso pronunciado no Congresso dos operários de transporte de toda a Rússia", (27 de maio de 1921), t. 35, p. 128.

Considerações sobre a força do
proletariado em uma guerra civil

Passemos agora a examinar os dados que Lenin leva em consideração para julgar as forças do proletariado em uma guerra civil. Em primeiro lugar, deve ser avaliada a quantidade de operários incorporados à luta e seu grau de consciência de classe. E, em segundo lugar, a simpatia que as palavras de ordem de sua vanguarda despertam entre os filiados de base dos outros partidos que representam setores de operários e camponeses pobres.[15]

Lenin se refere aqui a um importante conceito: trata-se de conseguir mobilizar "a maioria das massas revolucionárias ativas".[16] Não a maioria da população russa, mas aquela maioria que, pelas condições revolucionárias da situação objetiva, se viu estimulada a participar no terreno da luta política aberta, direta.

E, em relação a isso, ele faz uma observação que toda vanguarda revolucionária deve levar em conta:

> O proletariado revolucionário, pela sua influência sobre as massas e sua capacidade de levá-las à luta, é incomparavelmente mais forte na luta extraparlamentar do que na luta parlamentar. E isso pelo fato de, nessas últimas condições, não poder manifestar sua força efetiva; mas, em troca, manifesta-se a força da burguesia, que é a do dinheiro e da imprensa, com as possibilidades que isso significa de enganar os setores mais atrasados do povo.[17]

Detenhamo-nos um pouco neste tema que Lenin já desenvolvia amplamente em 1906.

> Na Rússia, a verdadeira luta não se trava em absoluto entre as forças que estão representadas na Duma; e a representação dessas forças na Duma, no momento atual, diverge de um modo particularmente claro e radical de sua 'força de combate' relativa. O verdadeiro governo da Rússia quase não está representado na

---

[15] Lenin, "A revolução russa e a guerra civil", (1ª quinzena de setembro de 1917), t. 27, p. 142.

[16] *Ibid.*

[17] *Op. cit.*, p. 143.

Duma; dispõe de outras 'instituições'; o proletariado também quase não está representado e, quanto ao campesinato, sua representação é muito escassa em proporção a seu número.[18]

Lenin dá dois exemplos do que chama de "disparidade artificial da força efetiva das diferentes classes e seu reflexo no organismo representativo". O primeiro refere-se à intelectualidade liberal burguesa, que "parece ser sempre cem vezes mais forte do que é na realidade". O segundo refere-se às "camadas democráticas muito amplas da pequena burguesia" (urbana, no caso da revolução de 1849 na Alemanha; rural, no caso russo), que desempenharam um papel muito destacado na luta aberta das massas e são insignificantes do ponto de vista de sua representação nos parlamentos.[19]

Depois desses esclarecimentos, voltemos ao tema da correlação de forças na guerra civil.

Pode-se dizer que o proletariado conta com uma correlação de forças políticas favorável para se lançar a uma insurreição quando, em meio a uma situação de ascenso revolucionário do movimento de massas contra o regime vigente, consegue o apoio da maioria "politicamente ativa" do proletariado,[20] o que se traduz praticamente na conquista da maioria dos novos órgãos surgidos da revolução; quando a maior parte das massas populares despertadas para a luta política (principalmente os setores pequeno-burgueses) simpatiza com suas palavras de ordem e demonstra disposição de apoiá-lo; quando as tropas, como efeito da situação antes descrita, começam a vacilar; quando crescem as vacilações nas fileiras do inimigo.[21]

Uma vez dadas todas as condições objetivas e subjetivas para o triunfo da insurreição, quando a crise já está madura, Lenin sus-

---

[18] Lenin, "Como Plekhanov argumenta sobre a tática", (26 de maio de 1906), t. 10, p. 470.

[19] Lenin, "Apreciação do momento atual", (novembro de 1908), t. 15, p. 285-286.

[20] Lenin, "O 'esquerdismo'... ", *Op. cit.*, p. 191.

[21] Lenin, "Marxismo e Insurreição", (13-14 de setembro de 1917), t. 27, p. 132-134.

ESTRATÉGIA E TÁTICA

tenta que o "problema militar" transforma-se no "problema político fundamental".

> A situação política geral inspira-me grande inquietação – afirma em 27 de setembro de 1917. O Soviete de Petrogrado e os bolcheviques declararam uma guerra ao governo. Mas o governo tem um exército e se prepara sistematicamente (Kerenski que está no quartel general, evidentemente busca chegar a um acordo – um acordo prático com os kornilovistas sobre o emprego de tropas para derrotar os bolcheviques).
>
> E o que nós estamos fazendo? Contentamo-nos em tomar resoluções. Perdemos tempo. Fixamos 'datas'. (O 20 de outubro, o Congresso dos Sovietes. Não é ridículo adiá-lo tanto? Não é ridículo confiar nisso?) Os bolcheviques não desenvolvem nenhum trabalho sistemático para preparar suas forças militares para derrubar Kerenski. [...] Os fatos têm confirmado a exatidão da proposta que fiz por ocasião da conferência democrática: o partido deve colocar na ordem do dia a questão da insurreição armada. Os acontecimentos nos obrigam a isso. A história converte, agora, o problema militar no problema político fundamental. Temo que os bolcheviques esqueçam isso, absortos que estão nos 'problemas do dia a dia', problemas corriqueiros e 'esperançosos' de que a onda varrerá Kerenski.[22]

Foi uma correlação de forças favorável no terreno militar que permitiu o triunfo de outubro de 1917. Os bolcheviques não somente conseguiram o apoio de quase a metade do exército, mas também, além disso, conseguiram dispor de "uma esmagadora superioridade de forças no momento decisivo e nos lugares decisivos, ou seja, nas capitais e nas frentes de batalha próximas do centro".[23]

---

[22] Lenin, "Carta I. T. Smilca, Presidente do Comitê Regional do Exército, à Armada e aos Operários da Finlândia", t. 27, p. 178.

[23] Lenin, "As eleições para a Assembleia Constituinte, (dezembro de 1919), t. 32, p. 251.

2. CRITÉRIOS PARA DETERMINAR A CORRELAÇÃO DE FORÇAS

Façamos agora um resumo dos critérios que Lenin leva em conta em relação ao problema da correlação de forças: a) quando se fala em correlação de forças, subentende-se que se trata sempre de uma confrontação de forças que se verifica por meio de um enfrentamento real e não antes desse enfrentamento; daí não ser possível prevê-la com antecipação; a correlação de forças tem de ser diagnosticada no exato momento em que o enfrentamento ocorre; b) deve-se perguntar em primeiro lugar: quais são as forças que se enfrentam? Isso parece demasiado óbvio, mas não é. Quando se faz um diagnóstico de uma correlação de forças, somente são levados em conta os setores que os dois lados estão dispostos a mobilizar ativamente para alcançar seus objetivos. Não se trata de uma questão simplesmente numérica, de determinar quem tem um contingente maior de homens ou de meios técnicos. Isso explica porque, apesar de os países imperialistas disporem de exércitos muito mais numerosos e de meios técnicos muito superiores aos do poder soviético, se alcançou um "equilíbrio de forças" em 1921. De nada serviam poderosos exércitos bem equipados se não estivessem dispostos a lutar de forma efetiva contra o Exército Vermelho. Isso explica também o fato de que, em um período revolucionário, a correlação eleitoral de forças não reflita a correlação efetiva de forças no país. Para se definir a questão do poder, não é necessário contar com a maioria numérica, mas sim com a maioria ativa e com uma esmagadora superioridade de forças, não em todo o país, mas nos lugares decisivos e nos momentos decisivos. E é o progressivo aumento desse tipo de força efetiva que conquistará para a revolução os setores vacilantes, até então apenas espectadores dos enfrentamentos em curso; c) ao estudar a correlação de forças, é fundamental ter presente o grau de coesão ou o grau de contradições existentes em cada setor em luta. Um inimigo unido não é o mesmo que um inimigo dividido. Já vimos como as contradições internas podem paralisar forças militares imensamente superiores. Mas isso não é válido apenas para o inimigo; é válido também para os setores revolucionários. A história tem demonstrado, suficientemente, como a desunião impede que movimentos revolucionários de massas de grande envergadura triunfem, ou, se conseguem, que possam consolidar o poder que conquistaram; d) a dinâmica da revolução implica numa mudança crescente da correlação de forças em favor das forças revolucionárias. Estas partem sempre de uma situação de desvantagem, pelo fato de o inimigo dispor de enorme quantidade e qualidade de instrumentos de poder. Depois, a situação passa a ser de equilíbrio de forças, que se caracteriza pela impossibilidade de o regime existente conter a revolução, por um lado, e, por outro, porque a revolução ainda não conta com forças suficientes para derrotá-lo. Por último, o desenlace da revolução, isto é, sua vitória ou sua derrota, depende de quem conquiste a superioridade: as forças revolucionárias ou as forças contrarrevolucionárias. Se o movimento revolucionário for o mais poderoso, é chegado o momento da tomada do poder, quando a correlação militar de forças passa a ser o fator decisivo; e) a situação de equilíbrio de forças no contexto de um processo de tipo insurrecional joga contra o inimigo. Sua incapacidade de atacar, de reprimir, de deter o movimento revolucionário encoraja setores cada vez mais amplos do povo e os estimula a se incorporar à luta. Assim, o inimigo procura uma saída para a situação, com disposição de negociar, de conciliar. Com isso, busca ganhar tempo, consolidar suas posições e atrair os setores mais vacilantes da população, tentando assim romper a seu favor o equilíbrio de forças até então existente. Esses são momentos em que se coloca à prova a consequência revolucionária daqueles que dizem defender a revolução.

IV – TÁTICA POLÍTICA

1. TAREFAS POLÍTICAS
E SITUAÇÃO CONCRETA

"As tarefas políticas concretas devem ser definidas para uma situação concreta", afirmou Lenin em 1905,[1] polemizando com aqueles que pretendem aplicar, de forma estereotipada, os mesmos métodos em realidades muito diferentes. Alguns anos mais tarde, ele insistirá: é a situação política e social que determina, de maneira direta e imediata, "as condições da ação e as tarefas da ação".[2] Lenin reconhece que o mais difícil é reagir rapidamente diante das mudanças bruscas da vida social. Para ele, a arte da política consiste na "capacidade de saber levar em conta as tarefas específicas" de cada nova situação.[3]

A resposta política deve ser radicalmente diferente quando se tratar de uma situação de agitação revolucionária ou quando se tratar de uma situação de estagnação, de calma, de recuo das forças revolucionárias.[4] Em se partindo da concepção de que, na vida dos povos, os grandes problemas "são resolvidos somente pela força" e que, em geral, são as próprias classes reacionárias "as primeiras a recorrer à violência, à guerra civil", colocando, desta maneira, "a

---

[1] Lenin, "Duas táticas...", *Op. cit.*, p. 81.

[2] Lenin, "Algumas particularidades do desenvolvimento histórico do marxismo", (23 de dezembro de 1910), t. 17, p. 30.

[3] Lenin, "Informe sobre o trabalho do CEC de toda a Rússia e do CCP, na primeira sessão do CEC de toda a Rússia, da VII legislatura", (2 de fevereiro de 1920), t. 31, p. 348.

[4] Lenin, "A revolução e as tarefas do proletariado", (20 de março de 1906), t. 10, p. 139-140.

baioneta na ordem do dia",[5] Lenin sustenta que, ao se produzir uma situação revolucionária, a vanguarda deve se preparar para realizar as ações mais enérgicas, estudando com seriedade as "condições" e "as formas de tais ações". E como nos momentos revolucionários a situação converge com insólita rapidez para uma autêntica guerra civil, deve-se procurar, por todos os meios, armar o proletariado. Não se trata, contudo, de abandonar totalmente as ações legais. É preciso aproveitar os pequenos resquícios de legalidade ainda existentes para ampliar a propaganda, a agitação e a organização, mas sem se enganar com respeito "a duração e a importância desses meios".[6]

Quando se trata de derrubar um regime reacionário repressivo, passam ao primeiro plano os objetivos da insurreição armada, da formação de um exército e de um governo revolucionário, único caminho para a vitória completa do povo sobre esse regime.[7] Nos períodos pré-revolucionários, quando existem condições objetivas para uma profunda crise política, os mínimos conflitos aparentemente mais afastados do verdadeiro foco da revolução podem se revestir da maior importância, como causadores da mudança do estado de ânimo das massas. A vanguarda revolucionária deve estar muito atenta a eles e saber aproveitá-los.[8]

Ainda que a burguesia de um país assuma uma postura contrarrevolucionária, deve-se aproveitar qualquer rivalidade ou qualquer luta das diferentes facções da burguesia.

> Lembremos que a campanha dos zemstvos e as petições dos liberais de 1904 foram precursoras de uma petição tão original e puramente proletária como a de 9 de janeiro. Os bolcheviques não se opunham em utilizar a campanha dos zemstvos para as manifestações proletárias: opunham-se ao propósito (de nossos

---

[5]   Lenin, "Duas táticas...", *Op. cit.*, p. 129.
[6]   Lenin, "A situação da Rússia e a tática do Partido Operário", (7 de fevereiro de 1906), t. 10, p. 111.
[7]   Lenin, "Duas táticas...", *Op. cit.*, p. 118.
[8]   Lenin, "Apreciação do momento atual", (1º de novembro de 1908), t. 15.

mencheviques) de confinar as manifestações aos locais de sessões dos zemstvos; opunham a que tais manifestações fossem consideradas como o tipo superior de manifestações, planejadas a partir do propósito de não assustar os liberais. Outro exemplo: o movimento estudantil. Em um país que se encontra em uma época de revolução democrático-burguesa, com uma crescente acumulação de material bélico, esses movimentos podem facilmente se tornar o princípio de acontecimentos importantes, como origem de fatos ocorridos em uma divisão qualquer da administração pública. Como é natural, a social-democracia, ao aplicar a política de classe independente do proletariado, jamais ajustará sua conduta à luta estudantil, ou aos novos congressos dos zemtvos, ou ainda à proposição da questão pelas frações da burguesia, envoltas em lutas internas: nunca atribuirá importância específica a essas 'brigas de família' etc. Mas o partido dos social-democratas, como partido de classe dirigente em toda a luta pela emancipação, é obrigado a se utilizar de todos e de cada um dos conflitos, a estimulá-los, a aumentar sua importância, levar a eles sua agitação com as palavras de ordem revolucionárias, levar esses conflitos ao conhecimento das grandes massas, estimular essas massas a apresentar, de forma independente e aberta, suas próprias reivindicações etc.[9]

Nos períodos não revolucionários, chamados também de pacíficos ou de acumulação de forças, as tarefas que estão em primeiro plano são as tarefas de organização, de propaganda e de agitação, de "aprendizagem pacífica".[10] Nos períodos revolucionários, quando a luta pelo poder está na ordem do dia, quase sempre é tarde para nos preocuparmos com os problemas de organização.[11] Muitas revoluções fracassaram porque, apesar de existirem as condições objetivas, faltou organização e orientação subjetiva, sem o que as manifestações espontâneas e isoladas das massas sublevadas dificilmente conseguem destruir o regime vigente. Em contrapartida, num período revolucionário, qualquer conflito bem canalizado pode se transformar no "incêndio geral".[12]

---

[9] *Ibid.*
[10] Lenin, "Novas tarefas e novas forças", (23 de fevereiro de 1905), t. 8, p. 225.
[11] Lenin, "Por onde começar", (maio de 1901), t. 5, p. 14.
[12] Lenin, "A agitação política", (1º de fevereiro de 1902), t. 5, p. 395.

Mas não se deve organizar apenas a vanguarda; também é necessário organizar a classe operária como tal, por meio dos sindicatos. Esta é uma das tarefas mais importantes da vanguarda revolucionária em épocas de calma. A participação no parlamento também é importante. É interessante que o leitor saiba como Lenin propunha concretamente as tarefas do partido social-democrata russo, quando se discutia no núcleo, em março de 1906, se a situação daquele momento era ainda uma situação revolucionária, ou se já não era mais, embora, evidentemente, suas colocações de então não devam ser transferidas mecanicamente para outras situações históricas. Diz:

> Uma das duas – a) Ou reconhecemos que no momento atual não se deve falar sequer de uma verdadeira revolução e, neste caso, devemos declará-lo assim, franca e categoricamente, para não confundir nem o proletariado nem o povo, e para não nos desorientarmos. Neste caso, devemos, necessariamente, excluir a realização completa da revolução democrática como tarefa imediata do proletariado, devemos necessariamente descartar por completo a questão da insurreição e interromper todo o trabalho de armar e organizar os destacamentos de combate, porque brincar de insurreição é indigno de um partido operário. Neste caso, devemos admitir que as forças da democracia revolucionária estão exaustas e devemos nos propor, como tarefa imediata, o apoio a uns ou a outros setores da democracia liberal, como força real de oposição em um regime constitucional. Neste caso, devemos considerar a Duma de Estado como um Parlamento, ainda que ruim, e participar não apenas das eleições, mas também da própria Duma. Neste caso, devemos colocar em primeiro plano a legalização do partido, a correspondente modificação do programa do partido e a adaptação aos limites 'legais' de todo o trabalho, ou, ao menos, atribuir ao trabalho clandestino um lugar menor e subordinado. Neste caso, podemos admitir que a organização de sindicatos é a principal tarefa do partido, como foi a insurreição armada no período histórico anterior. Neste caso, devemos também desconsiderar as palavras de ordem revolucionárias do movimento camponês (por exemplo, o confisco das terras dos latifundiários), pois tais palavras de ordem são, na prática, palavras de ordem da insurreição, e chamar à insurreição sem se preparar militarmente para ela sem acreditar nela, equivaleria a brincar indignamente

de insurreição. Neste caso, devemos deixar de falar não apenas sobre o governo revolucionário provisório, mas também sobre o chamado 'autogoverno local revolucionário', pois a experiência tem demonstrado que as instituições, correta ou incorretamente denominadas com o termo 'revolucionário', transformam-se na realidade, pela força das circunstâncias, em órgãos da insurreição, no embrião de um governo revolucionário; b) Ou reconhecemos que no momento atual se pode e se deve falar de uma verdadeira revolução e admitimos que as novas e superiores formas de luta revolucionária direta são inevitáveis ou, pelo menos, as mais prováveis. Neste caso, a tarefa política principal do proletariado, o cerne de todo o seu trabalho, a alma de todas as suas atividades organizadas de classe será a de completar a revolução democrática. Neste caso, qualquer vacilação com relação a essa tarefa significará rebaixar o conceito de luta de classes à interpretação que lhe dá Brentano, transformando o proletariado em acessório da burguesia liberal monárquica. Neste caso, a tarefa política mais urgente e central do partido será a de preparar as forças e a organização do proletariado para a insurreição armada, como forma superior de luta alcançada pelo movimento. Neste caso, é nosso dever estudar criticamente, para os fins práticos mais imediatos, toda a experiência da insurreição de dezembro. Neste caso, será necessário multiplicar os esforços destinados a organizar e a armar os destacamentos de combate. Neste caso, devemos nos preparar para a insurreição, inclusive por meio de operações de luta de guerrilhas, pois seria ridículo prepará-la somente convocando e alistando novos recrutas. Neste caso, seria preciso considerar a guerra civil como declarada e em marcha, e todas as atividades do partido deverão ficar subordinadas ao princípio: 'Em guerra, como na guerra'. Neste caso, a educação dos quadros do proletariado para as ações militares ofensivas será uma inquestionável necessidade. Neste caso, será lógico e coerente lançar palavras de ordem revolucionárias para as massas camponesas. Teremos de colocar em primeiro plano a tarefa de estabelecer acordos de combate com os democratas revolucionários e somente com eles: o critério para estabelecer a diferença entre os diferentes setores dos democratas burgueses é precisamente a questão da insurreição. O proletariado 'golpeia junto' com aqueles que defendem a insurreição, embora 'marche separadamente'. Combateremos implacavelmente aqueles que estão contra a insurreição, ou os afastaremos de nós como desprezíveis hipócritas e jesuítas (os cadetes). Neste caso, teremos de colocar, em primeiro plano de nossa agitação, a crítica e a denúncia das ilusões constitucionalistas enfocadas do ponto de

ESTRATÉGIA E TÁTICA

vista da guerra civil aberta, assim como também as circunstâncias e condições que preparam firmemente as explosões revolucionárias espontâneas. Neste caso, teremos de considerar que a Duma não é um Parlamento, mas uma delegacia de polícia, e repudiar qualquer participação na farsa eleitoral por considerá-la um meio de corrupção e desorganização do proletariado. Neste caso, a base da organização do partido da classe operária será (como o propôs Marx em 1849) uma 'forte organização secreta', que deverá dispor de um aparato especial para as 'atividades públicas' e designar seus 'enviados especiais' para todas as sociedades e instituições legais, desde os sindicatos operários até a imprensa legal.[13]

Como vimos, o fato de que a tática deve se adaptar a cada situação social e política concreta determina que os revolucionários mudem sua atitude frente a determinados problemas, dependendo de cada uma dessas situações. Os maiores defensores da insurreição, num determinado momento, podem passar a ser seus maiores detratores, favorecendo em contrapartida, agora, uma participação no parlamento que antes contestavam. Os maiores opositores da defesa da pátria na guerra imperialista, uma vez no poder, passam a ser seus advogados.

---

[13] Lenin, "A revolução russa e as tarefas do proletariado", (20 de março de 1906), t. 10, p. 145-147.

2. DOIS EXEMPLOS HISTÓRICOS

A atitude dos bolcheviques frente à Duma

Em pleno auge da revolução de 1905, o tsarismo convoca um parlamento com representação dos latifundiários, dos capitalistas e dos camponeses ricos: a chamada Duma de Bulyguin, em um esforço para destruir o movimento revolucionário, buscando direcioná-lo para um caminho legal, pela via monárquico-constitucionalista. Em resposta a essa situação, os bolcheviques convocam os operários e camponeses a boicotar ativamente a Duma antipopular, concentrando toda a campanha de agitação em torno das palavras de ordem: insurreição armada, exército revolucionário, Governo Revolucionário Provisório.

O auge do movimento de massas destruiu concretamente o primeiro projeto parlamentar do tsarismo. Em outubro aconteceu uma greve nacional contra o governo, surgiram os sovietes de operários, aconteceram as primeiras sublevações nos quartéis, até culminar com a insurreição de Moscou, que terminou derrotada depois de vários dias de combate.

Novamente, em meio ao apogeu da insurreição de dezembro, o governo decidiu convocar eleições para outra Duma, a Duma de White, que dava uma certa representação aos camponeses e operários, os primeiros tendo muito mais possibilidades de eleger representantes que os segundos. O tsarismo buscava, com isso, enganar o campesinato com a esperança de ter a terra com que sonhava, por meio da Duma, e separá-lo, assim, do proletariado revolucionário.

Embora derrotada a insurreição em Moscou, continuaram ocorrendo insurreições parciais em diferentes lugares do país. Era difícil, naquele momento, ter claro se o descenso do movimento revolucionário refletia somente a necessidade de se tomar fôlego para voltar ao ataque, ou se refletia o fim da primeira explosão revolucionária russa.

Confiando no espírito revolucionário das massas e levando em conta o fato de que importantes setores populares tinham esperanças de poder resolver seus problemas por meio do sistema parlamentar burguês, desconhecido para eles até aquele momento, Lenin sustentou que o boicote ativo continuava sendo a palavra de ordem correta.[1] Desta vez as massas não responderam, o boicote fracassa, mas alguns meses depois o tsar se viu obrigado a dissolver a Duma, onde era fortemente criticado. O povo teve sua primeira experiência parlamentar: se o Parlamento coloca o regime em perigo, o regime fecha o Parlamento.

A atitude adotada pelo Partido Bolchevique em relação à convocação da segunda Duma já não era a do boicote, mas a da participação no Parlamento reacionário.

A que se deve essa mudança de tática? A melhor resposta foi dada pelo próprio Lenin quando criticou a tática do boicote que alguns bolcheviques queriam aplicar à convocação da III Duma, que, sabia-se, seria uma Duma extremamente reacionária, em função de uma nova lei eleitoral que assegurava nela o domínio absoluto dos latifundiários feudais e de representantes da grande burguesia.

Vejamos:

> as condições que fazem o boicote aplicável precisam ser encontradas, sem dúvida, na situação objetiva do momento. Se compararmos, deste ponto de vista, o outono de 1907 com o de 1905, chegaremos à conclusão de que não há motivos para proclamar

---

[1] Lenin reconhece mais tarde que essa tática foi errada. Ver "O 'esquerdismo'...", *Op. cit.*, p. 140.

o boicote agora. Tanto do ponto de vista da correlação entre o caminho revolucionário direto e o 'ziguezague' monárquico constitucional, quanto do ponto de vista do ascenso revolucionário das massas e da tarefa específica de lutar contra as ilusões constitucionalistas, a situação atual é absolutamente diferente daquela de dois anos atrás.

A mudança monárquico-constitucional da história não era, então, mais que uma promessa policial. Agora é um fato [...]. Neste sentido, o curso da revolução russa já se definiu completamente. No começo da revolução, vemos uma linha de ascenso, breve, mas extraordinariamente ampla e de uma rapidez vertiginosa. Temos depois uma linha de descenso, extraordinariamente lenta, porém constante, que se inicia a partir da insurreição de dezembro de 1905. Primeiro, um período de luta revolucionária direta das massas; depois, um período de um movimento monárquico constitucional [...]. Isso significa que, defendendo integralmente todo o nosso programa e todas as nossas concepções revolucionárias, devemos nos empenhar, ao mesmo tempo, para que nossos chamamentos diretos estejam em conformidade com as condições objetivas do momento. Ao proclamar a inevitabilidade da revolução, ao preparar de um modo sistemático e constante a acumulação de material bélico de todo o tipo, ao guardar cuidadosamente para esse fim, as tradições revolucionárias da melhor época de nossa revolução, ao cultivá-las e depurá-las de parasitas liberais, não renunciamos ao aborrecido trabalho cotidiano na aborrecida mudança monárquica-constitucional. E isso é tudo. Devemos preparar um novo e amplo ascenso, mas não há razão alguma para manejar, às cegas, a palavra de ordem do boicote.

Como já dissemos, o único boicote que pode ter algum sentido no momento atual na Rússia é o boicote ativo, ou seja, ignorar as eleições em função de uma ofensiva direta. Neste sentido, o boicote equivale, necessariamente, a um chamamento à ofensiva mais enérgica e resoluta. Existe, no atual momento, esse ascenso tão amplo e geral, sem o qual tal chamamento carece de sentido? É evidente que não.

Em geral, e no que se refere aos 'chamamentos', a diferença existente, neste aspecto, entre a situação atual e a do outono de 1905, aparece com particular evidência. Naquela época, como já apontamos, não houve, em todo o ano anterior, um único chamamento que não encontrasse eco nas massas. A energia da ofensiva das massas se adiantava aos chamamentos das organizações. Agora, encontramo-nos em um período de descenso da revolução, em que toda uma série de chamamentos permanece sistematicamente sem encontrar eco nas massas. Assim ocorreu com o chamamento para esvaziar a Duma de White (no início de 1906), com o chamamento à insurreição após a dissolução da I Duma (no verão de 1906), e com o chamamento à luta em resposta à dissolução da II Duma e ao golpe de Estado de 3 de junho de 1907 [...]. Os motins de junho de 1907, em Kiev, e na armada do mar Negro foram chamamentos através da ação direta. Nenhum desses chamamentos encontrou eco algum entre as massas. Se as manifestações mais claras e diretas da ofensiva reacionária contra a revolução – a dissolução das duas Dumas e o golpe de Estado – não provocaram, então, um ascenso revolucionário, que razões há para repetir imediatamente o chamamento proclamando o boicote? Não é evidente que a situação objetiva é tal que a 'proclamação' corre o perigo de se converter em um grito inútil? Quando a luta está em marcha, quando se estende, cresce e avança para todos os lados, uma tal 'proclamação' é legítima e necessária; é, então, dever do proletariado revolucionário lançar esse grito de guerra. Mas não é possível inventar essa luta nem despertá-la unicamente com gritos de guerra. Quando uma série de chamamentos combativos, já provados por nós em ocasiões mais objetivas, não têm dado resultados, devemos, como é natural, procurar as razões que nos fazem 'proclamar' uma palavra de ordem que se torna absurda, porque não existem as condições que tornem praticáveis os chamamentos combativos.[2]

Em razão da mudança das condições e em se tratando de uma situação de estagnação, de calma, nesse momento histórico concreto, "faz-se necessário lutar por meio de outros métodos pelos mesmos objetivos estabelecidos em 1905".[3]

As tentativas da autocracia de se reestruturar conforme uma democracia burguesa, suas prolongadas negociações com os latifundiários e a burguesia na III Duma, a nova política agrária burguesa etc., tudo isso colocou a Rússia em uma era específica de desenvolvimento, estabelecendo para a classe operária a longa tarefa de preparar um novo exército proletário – e um novo exército revolucionário – as tarefas de educar e organizar as forças,

---

[2] Lenin, "Contra o boicote", (26 de janeiro de 1907), t. 13, p. 28-30.
[3] Lenin, "Por quais objetivos lutar?", (23 de março de 1910), t. 16, p. 167.

de usar a tribuna da Duma e todas as possibilidades oriundas de uma atividade semilegal.[4]

É preciso esclarecer que a participação na Duma defendida por Lenin persegue objetivos revolucionários muito precisos:

> a) fazer o povo compreender a total incapacidade da Duma como meio para a obtenção das reivindicações do proletariado, da pequena burguesia revolucionária e, em particular, do campesinato; b) explicar ao povo que não é possível conquistar a liberdade política pela via parlamentar, enquanto o poder efetivo permanecer nas mãos do governo tsarista, explicar que é inevitável a luta aberta das massas populares contra a força armada do absolutismo, luta que visa assegurar a vitória plena: a tomada do poder pelas massas populares e a convocação de uma Assembleia Constituinte baseada no voto universal, direto, igual e secreto.[5]

É preciso

> explicar às grandes massas populares – destaca Lenin mais adiante – a absoluta incapacidade da III Duma para satisfazer os interesses e as reivindicações do povo e, relacionado a isso, desenvolver uma ampla e enérgica propaganda da ideia de uma Assembleia Constituinte soberana, eleita com base no voto universal, direto, igual e secreto.[6]

A atitude dos bolcheviques frente à guerra

Antes da conquista do poder, o partido bolchevique foi o partido operário que levou mais a fundo a campanha contra a participação na Primeira Guerra Mundial imperialista e defendeu sua transformação em guerra civil revolucionária. Lenin atacou duramente os social-democratas europeus que derivaram em posições social-chauvinistas,[7] de defesa de sua pátria imperialista contra a agressão de outras potências imperialistas. Depois de conquistado o poder, Lenin se transformou em "defensista" e teve de travar uma

---

4   Lenin, "A III Duma", (29 de outubro de 1907), t. 13, p. 142-144.
5   *Ibid.*
6   *Ibid.*
7   Lenin, "A falência da II Internacional", (maio-junho de 1915), t. 22, p. 338.

forte luta interna para fazer triunfar sua posição frente a uma maioria inicial politicamente adversa. Ele reconhecia que a política em favor de uma guerra revolucionária nascia de nobres sentimentos: das "exigências do homem em sua aspiração pelo belo, efetivo e notável", mas sustentava que ela, a política, não levava "em conta, em absoluto, a correlação objetiva das forças de classe e dos fatores materiais da situação [...] da revolução socialista em curso".[8]

Qual era essa situação concreta que se devia considerar? Lenin a descreve da seguinte maneira:

> No presente momento, ou seja, 7 de janeiro de 1918, as negociações de paz em Brest-Litovsk, têm demonstrado com absoluta clareza que no governo alemão (que dos governos da quádrupla aliança é o que tem a batuta) foi o partido belicista que tomou indubitavelmente a direção e que, na realidade, já apresentou um ultimato à Rússia (devemos esperá-lo de um momento para o outro; temos de esperar obrigatoriamente sua apresentação oficial). Esse ultimato diz o seguinte: a paz, com a condição de devolver todos os territórios que ocupamos, enquanto os alemães conservam todos os territórios que ocuparam e nos impõem uma indenização (disfarçada exteriormente sob a forma de pagamento pela manutenção de prisioneiros) de aproximadamente três bilhões de rublos, pagáveis em vários anos.
>
> O governo socialista da Rússia encontra-se frente a um problema cuja solução não pode ser adiada: ou aceita essa paz anexionista agora, ou empreende imediatamente uma guerra revolucionária. Na realidade, não há solução intermediária possível. Não pode haver agora nenhum novo adiamento, porque já fizemos tudo o que era possível e impossível para prolongar deliberadamente as negociações.[9]

E a seguir acrescenta:

> Não resta dúvida de que nosso exército não está em condições, no momento atual, e não estará nas próximas semanas (e provavelmente nos próximos meses), de rechaçar, com êxito, uma ofensiva alemã, devido, em primeiro lugar, ao enorme cansaço e esgotamento da maioria dos soldados, somado ao incrível caos no

---

[8] Lenin, "Para a história de uma paz infeliz", (21 de janeiro de 1918), t. 28, p. 123.
[9] *Ibid.*

fornecimento de víveres, na substituição dos que estão exaustos etc; em segundo lugar, por causa do estado de completa inutilidade da tração animal, que inevitavelmente provocaria a perda de toda a nossa artilharia; e, por último, devido à absoluta impossibilidade de defender a costa, de Riga a Reval, o que dá ao inimigo a melhor oportunidade para conquistar a parte restante da Liflândia (*sic*), tomar em seguida a Estlândia (*sic*), contornar uma grande parte de nossas forças pela retaguarda e, finalmente, tomar o Petrogrado.

Além disso, não resta a menor dúvida de que, no atual momento, a maioria camponesa de nosso exército se pronunciaria com toda a certeza em favor de uma paz anexionista e não em favor de uma guerra revolucionária imediata, porque a reorganização socialista de nosso exército e a incorporação a suas fileiras dos destacamentos da Guarda Vermelha etc. está apenas iniciando.

Com um exército democratizado, seria uma aventura travar uma guerra contra a vontade da maioria dos soldados, sendo necessários, pelo menos, longos meses para reformar um exército socialista operário e camponês, realmente potente e ideologicamente firme.

Os camponeses pobres da Rússia estão em condições de apoiar a revolução socialista dirigida pela classe operária, mas não podem, neste mesmo momento, imediatamente, empreender uma guerra revolucionária séria. Seria um erro fatal não levar em conta esta correlação objetiva de forças de classe quanto a este problema.[10]

Esta situação no exército, somada à incerteza sobre o momento em que explodiria a revolução na Alemanha, leva Lenin a defender o imediato estabelecimento de uma paz em separado com aquele país, aceitando as condições que o governo alemão impõe, como única forma de salvar a primeira revolução socialista mundial.

Suas teses ficaram em absoluta minoria. O pronunciamento em favor de uma guerra revolucionária foi maioria em seu partido.

Sobre esse episódio, ele escreve:

A situação criada no partido, me faz lembrar, de forma extraordinária, a situação que existia no verão de 1907, quando a imensa maioria dos bolcheviques era partidária do boicote à III Duma e eu defendia a participação nela, juntamente com Dan, e fui objeto

---

[10] *Op. cit.*, p. 23-24.

de encarniçados ataques por meu oportunismo. Objetivamente, a questão está colocada hoje de um modo totalmente semelhante: assim como antes, a maioria dos funcionários do partido, movidos pelos melhores impulsos revolucionários e pelas melhores tradições do partido, deixa-se levar por uma 'brilhante' palavra de ordem, sem compreender a nova situação econômico-social e política, sem levar em conta a mudança das condições que exige uma rápida modificação da tática. E como então, a essência de minha argumentação é esclarecer que o marxismo exige que se levem em conta as condições objetivas e suas mudanças; que é preciso propor a questão de maneira concreta em conformidade com essas condições; que a mudança mais importante que se produziu foi a constituição da República dos Sovietes da Rússia, e a conservação da república, que já começou a revolução socialista, é muito importante para nós e para o movimento socialista internacional; que, neste momento, a palavra de ordem de uma guerra revolucionária, por parte da Rússia, seria uma frase e uma falsa ostentação, ou, ao contrário, equivaleria a cair na armadilha montada pelos imperialistas, que desejam que continuemos a guerra imperialista enquanto ainda somos fracos, de modo que a jovem República dos Sovietes possa ser destruída da forma mais econômica possível.[11]

Em consequência dessas divergências entre os bolcheviques, a paz com a Alemanha não foi assinada e, como Lenin temia, o exército desse país lançou uma ofensiva em toda a frente russo-alemã, ocupando em poucos dias a Letônia e a Estônia e parte considerável da Ucrânia, assim como Dvinsk, Minsk, Polotsk, Pskov e outras cidades, chegando a ameaçar Petrogrado. Ante essa nova situação, Lenin finalmente conseguiu uma maioria no Comitê Central para assinar um tratado de paz com a Alemanha, que resultou muito mais oneroso do que se tivesse sido firmado antes da ofensiva.

Os "comunistas de esquerda", partidários da guerra revolucionária, apesar de os fatos terem dado razão a Lenin, continuaram sua campanha contra a paz.

---

[11] Lenin, "Conclusão para as teses sobre o problema do imediato estabelecimento de um acordo de paz em separado e anexionista", (11 de janeiro de 1918), t. 28, p. 127-128.

Lenin dirige a eles estas duras palavras:

Vou explicar-lhes, querido amigos, porque lhes ocorre essa desgraça: porque os senhores dedicam mais esforços em aprender de memória as palavras de ordem revolucionárias do que meditar sobre elas. E é por isso que colocam entre aspas as palavras 'defesa da pátria socialista', talvez com a intenção de lhes dar um significado irônico, mas, pelos fatos, demonstram a confusão que têm na cabeça. Acostumaram-se a considerar o 'defensismo' como algo infame e repugnante; aprenderam-no de memória e o meteram na cabeça com tal ímpeto que alguns dos senhores chegaram ao absurdo de dizer que a defesa da pátria na época imperialista é inadmissível (na verdade, só é inadmissível em uma guerra imperialista, reacionária, travada pela burguesia). Mas os senhores não meditaram por que e quando o 'defensismo' é abominável.

Reconhecer a defesa da pátria equivale a reconhecer a legitimidade e a justiça da guerra. Legitimidade e justiça desde qual ponto de vista? Somente do ponto de vista do proletariado socialista e da luta pela sua libertação; não admitimos nenhum outro ponto de vista. Quando a guerra é travada pela classe exploradora, com a finalidade de consolidar sua dominação como classe, tal guerra é criminosa e o 'defensismo' de tal guerra é uma infame traição ao socialismo. Quando a guerra é travada pelo proletariado que derrotou a burguesia em seu país e é travada com a finalidade de consolidar e desenvolver o socialismo, tal guerra é legítima e 'santa'.

A partir de 25 de outubro de 1917, somos 'defensistas'. Já o disse mais de uma vez com toda a clareza e os senhores não se atreveram a negá-lo. Precisamente no interesse da 'consolidação do vínculo' com o socialismo internacional, a defesa de nossa pátria socialista é obrigatória. Quem considerar com leviandade a defesa do país no qual o proletariado já triunfou, destrói o vínculo com o socialismo internacional. Quando fomos os representantes da classe oprimida, não adotamos uma atitude leviana em relação à defesa da pátria em uma guerra imperialista, mas nos opusemos, por princípio, a tal defesa. Convertidos, agora, em representantes da classe dominante, que começou a organizar o socialismo, exigimos que todos adotem uma atitude séria em relação à defesa do país. Adotar uma atitude séria em relação à defesa do país significa preparar-se a fundo e calcular, rigorosamente, a correlação de forças. Quando evidentemente nossas forças são insuficientes, o melhor meio de defesa é o recuo para o interior do país (quem vir nisso uma fórmula artificial, composta para a ocasião, pode ler o que escreve o velho Clausewitz, uma das maiores autoridades em matéria militar, sobre os ensinamentos da história sobre o assunto). Mas não existe o menor sinal de que os 'comunistas de esquerda' compreendam o significado do problema da correlação de forças.

Quando nos opúnhamos, por princípio, ao 'defensismo', tínhamos o direito de ridicularizar aqueles que queriam 'salvar' sua pátria, supostamente no interesse do socialismo. Adquirido o direito de ser 'defensista' proletário, a proposição do problema muda radicalmente. Tornou-se nosso dever calcular com a maior exatidão as diferentes forças, pesar com o maior cuidado as possibilidades de nosso aliado (o proletariado internacional) vir nos ajudar em tempo. É interesse do capital destruir seu inimigo (o proletariado revolucionário) parte por parte, antes que os operários de todos os países se unam (de fato, ou seja, iniciando a revolução). Temos interesse em fazer tudo o que for possível e aproveitar toda e qualquer possibilidade para retardar a batalha decisiva até o momento (ou até depois do momento) em que os destacamentos revolucionários se unam em um único e grande exército internacional.[12]

E dois anos depois, em relação a outro problema, ele insistia:

> Aceitar o combate quando isso é manifestamente vantajoso para o inimigo, mas não para nós, é criminoso; os dirigentes políticos da classe revolucionária são absolutamente inúteis se não souberem 'manobrar' ou propor a conciliação e o compromisso a fim de evitar o combate evidentemente desfavorável.[13]

---

[12] Lenin, "Infantilismo de 'esquerda' e a mentalidade pequeno-burguesa", (5 de maio de 1918), t. 29, p. 85-86.

[13] Lenin, "O 'esquerdismo'...", *Op. cit.*, p. 183.

3. O CONCEITO POLÍTICO DE TÁTICA

Do que foi exposto anteriormente, podemos concluir que os problemas táticos estão relacionados com a atividade política concreta da vanguarda revolucionária. Esta vanguarda deve ser capaz – afirma Lenin – de "dar respostas absolutamente claras, que não admitam duas interpretações", às questões concretas da atividade política. A tática deve determinar a ação específica, de acordo com as circunstâncias históricas concretas, e não de acordo apenas com os "desejos subjetivos" da vanguarda, porque isso significa "condenar a tática ao fracasso".[1]

A estratégia muda quando os inimigos estratégicos ou os inimigos imediatos mudam; a tática, em contrapartida, não pressupõe uma mudança do inimigo imediato nesse momento; este (o inimigo) pode ser o mesmo durante um longo período estratégico, como a autocracia tsarista foi durante a primeira etapa da revolução russa. Mas, durante esse período, as formas concretas de relação entre as forças revolucionárias e as forças contrarrevolucionárias costumam mudar. O inimigo pode passar de uma atitude de repressão violenta contra as manifestações do movimento popular, para uma atitude de certa tolerância e pseudolegalidade e democracia. As massas podem passar de um estado de ânimo de efervescência revolucionárias para uma situação de descenso de seu espírito de luta.

---

[1] Lenin, "VII Conferência (de abril) de toda a Rússia do POSDR", (abril-maio de 1917), t. 25, p. 181.

Formas de enfrentamento e correlação de forças

A tática deve se adaptar a diversas situações. Cada vez que surge uma nova conjuntura política, a tática deve responder com formas de organização e de luta apropriadas à nova situação. Mas a tática não deve apenas considerar as diferentes formas como se dá o enfrentamento social, mas também deve estar atenta à correlação de forças existente em cada situação concreta, assim como deve ser capaz de caracterizar corretamente a situação concreta que se vive: se se trata de um período de calma ou de acumulação de forças; de um período pré-revolucionário ou revolucionário; se a revolução já está madura e chegou o momento de se lançar ao assalto do poder.

A tática deve conseguir organizar a mais decidida ofensiva quando a correlação de forças é favorável às forças revolucionárias, assim como deve saber organizar uma retirada ordenada quando a correlação de forças torna-se desfavorável.

Essa foi a atitude dos bolcheviques em 1905. Quando tudo indicava que o movimento revolucionário estava em ascenso, (os bolcheviques) realizaram a mais decidida ofensiva contra a autocracia tsarista, chegando mesmo a insurreição armada contra esse regime caduco. Mas quando ficou demonstrado, na prática, que a revolução havia sido derrotada e que a correlação de forças era cada vez mais favorável ao tsarismo, foi esse o partido que realizou

> recuo mais ordenado, com menos baixas em seu 'exército', conservando melhor seu núcleo central, com as divisões menos graves [...], com menos desmoralização e em melhores condições para retomar a ação em uma escala mais ampla e do modo mais acertado e enérgico.[2]

E Lenin explica que os bolcheviques conseguiram isso

> somente porque desmascararam sem piedade e expulsaram os 'revolucionários do discurso', aqueles que não queriam compre-

---

[2] Lenin, "O esquerdismos, doença infantil do comunismo", (20 de maio de 1920), t. 33, p. 132.

ender que era preciso recuar, que era indispensável aprender a atuar legalmente nos parlamentos mais reacionários e nos mais reacionários sindicatos, cooperativas, associações de auxílio mútuo e outras organizações semelhantes.[3]

A longa experiência revolucionária dos bolcheviques ensinou-lhes que é "fundamental utilizar a tática de atacar sem piedade quando as condições objetivas permitem, quando a experiência da conciliação demonstre que as massas estão indignadas e que o ataque será a expressão dessa mudança". Mas também lhes ensinou que é preciso "recorrer à tática de espera, à acumulação gradual de forças, quando as condições objetivas não favoreçam um chamamento ao repúdio geral e implacável".[4]

Tática e estado de ânimo das massas

Aqui aparecem novos elementos que a vanguarda deve levar em conta para adotar suas decisões táticas: o estado de ânimo e a consciência das massas, já que são as massas, e não a vanguarda delas isolada, que fazem a história. "Não se pode passar por cima do povo", disse Lenin em maio de 1917. "Quando a maioria do povo não quer tomar o poder em suas mãos, porque ainda não compreende isso, a minoria, por mais revolucionária e inteligente que seja, não pode impor seus desejos à maioria do povo"[5] e, por isso, em lugar de, naquele momento, convocar as massas para derrubar o governo provisório burguês, no qual as massas ainda confiavam, a tática do Partido Bolchevique foi a de contribuir, por meio da agitação e da propaganda, para que o povo, por sua

---

[3] Lenin, "O 'esquerdismo'...", *Op. cit.*, p. 132.

[4] Lenin, "Informe sobre a política exterior na Sessão Conjunta do CEC de toda a Rússia e o Soviete de Moscou", (14 de maio de 1918), t. 29, p. 131.

[5] Lenin, "Informe sobre as conclusões da VII Conferência (de abril) de toda a Rússia do POSDR(b) na reunião da organização de Petrogrado", (8 de maio de 1917), t. 25, p. 354.

ESTRATÉGIA E TÁTICA

própria experiência, chegasse à conclusão da necessidade de tomar
o poder em suas mãos.

Agora, se é verdade que devemos considerar "o estado de ânimo das massas" para "determinar o momento de tal ou qual ação,
determinação ou convocação etc"., de modo algum isso pode servir
de base para estabelecer a estratégia do proletariado.[6] O objetivo
estratégico nesse momento é a derrubada do governo provisório,
mas taticamente não se pode ainda mobilizar as massas para esse
objetivo estratégico. O estado de ânimo das massas deve ser considerado "para calcular o 'momento' da ação, mas não para fixar a
linha [...] de ação da classe operária",[7] afirma Lenin. É importante
ressaltar que, para que o povo entenda certas coisas e amadureça
politicamente, não bastam simples discursos; é necessário que o
povo enfrente fatos concretos que comprovem, na prática, o que
estabelece a agitação e a propaganda revolucionárias; é preciso que
as massas aprendam por meio de sua própria experiência.

Foi na atuação concreta do governo provisório, frente à guerra,
que o povo russo compreendeu não ser esse um governo que realmente deseje a paz. Seu discurso demagógico contrastava com as
ações concretas que o levaram, em julho de 1917, a retomar a tão
odiada guerra. Foram esses fatos, com os quais a propaganda dos
bolcheviques estava de acordo, que determinaram uma mudança de
atitude das massas frente ao governo provisório, as quais deram seu
apoio incondicional ao Partido Bolchevique, poucas semanas antes
do triunfo da revolução.

Outro exemplo é a forma como os bolcheviques enfrentaram o
problema camponês em outubro de 1917. Foi sua atitude que determinou o apoio em massa do campesinato ao novo poder soviético.
Teria sido, diz Lenin,

---

[6] Lenin, "A propósito da revolução de toda a nação", (2 de maio de 1907), t. 12,
p. 391.

[7] *Op. cit.*, p. 392.

uma enorme indignidade implantar, através de decreto, o cultivo coletivo da terra, já que somente um número insignificante de camponeses esclarecidos nos apoiaria, ao passo que a imensa maioria dos camponeses não tinha esse objetivo. Por isso, nos limitamos ao que era absolutamente indispensável para o desenvolvimento da revolução: não ultrapassar, em nenhum caso, o grau de consciência das massas, mas esperar que, da própria experiência, da própria luta, surgisse um movimento ascendente. Em outubro, limitamo-nos a acabar para sempre com o inimigo secular dos camponeses, o latifundiário feudal, o proprietário dos latifúndios. Naquela luta, todos os camponeses se envolveram. Naquela etapa, os camponeses ainda não estavam divididos em proletários, semiproletários, camponeses pobres e burguesia. Nós, os socialistas, sabíamos que sem aquela luta não haveria socialismo, embora também tivéssemos consciência de que não era suficiente que nós o compreendêssemos, mas sim que milhões de pessoas deveriam chegar a essa compreensão, e não por meio da propaganda, mas pela sua própria experiência. Por isso, como o conjunto de camponeses pensava que a revolução se basearia em princípios de uso igualitário da terra, declaramos abertamente, em nosso decreto de 26 de outubro de 1917, que tomaríamos como ponto de partida o mando camponês sobre a terra.[8]

Lenin é categórico ao afirmar que é preciso levar em consideração o estado de ânimo e a consciência das massas para fixar a tática da vanguarda, já que "sem um estado de ânimo revolucionário nas massas e sem condições que favoreçam o desenvolvimento desse estado de ânimo, a tática revolucionária não se transformará em ação. Mas ele também se opõe, com igual ênfase, àquelas proposições que utilizam o estado de ânimo das massas como argumento para reprimir os acontecimentos, para afirmar que nunca há condições para se passar a ações mais efetivas".[9]

Essa gente, diz Lenin com ironia e desprezo,

esquece de forma oportuna, é claro, que a linha firme do partido, sua determinação inquebrantável é também um fator forjador do

---

[8] Lenin, "VI Congresso Extraordinário dos Sovietes de toda a Rússia", (6 de novembro de 1918), t. 28, p. 461.

[9] *Ibid.*

estado de ânimo, principalmente nos momentos revolucionários mais agudos. Muitas vezes, é oportuno esquecer – acrescenta – que os dirigentes responsáveis, com suas vacilações e sua disposição para destruir os 'ídolos de ontem', acarretam as mais indignas vacilações no estado de ânimo de certas camadas populares.[10]

Por último, é importante levar em conta que,

se não existir uma organização forte, experimentada na luta em todas as circunstâncias e em todos os momentos, não é possível sequer falar de um plano sistemático de ação, elaborado com base em princípios firmes e aplicado com perseverança, único plano que merece o nome de tática.[11]

As questões táticas

Depois do que foi dito anteriormente, podemos agora definir o que entendemos por "tática revolucionária": é o conjunto de orientações concretas formuladas para pôr em prática a estratégia revolucionária em cada nova conjuntura política.

São questões táticas: a) as formas de organização que tanto a vanguarda quanto as massas devem adotar; b) as formas e os métodos de luta a serem empregados; c) a forma concreta como são aproveitadas as contradições que surgem dentro do aglomerado de forças inimigas; d) as formas de agitação e propaganda destinadas a promover a realização das tarefas determinadas. O conteúdo das palavras de ordem políticas tem aqui um papel fundamental.

Agora, a vanguarda revolucionária, para fixar sua tática, deve levar em conta, entre outras coisas: qual é a forma específica de atuação do inimigo; qual é o estado de ânimo das massas; qual é a correlação de forças disso resultante em cada nova situação; qual é a capacidade da vanguarda de realizar determinadas tarefas.

---

[10] Lenin, "Carta aos camaradas", (17 de outubro de 1917), t. 27, p. 322.
[11] Lenin, "Por onde começar", (maio de 1901), t. 5, p. 14-15.

V – A ARTE DA POLÍTICA E O ELO DECISIVO

1. O ELO DECISIVO

"Os acontecimentos políticos são sempre muito confusos – diz Lenin. – Podemos compará-los a uma corrente. Para conservar toda a corrente, temos de agarrar o elo fundamental. Não podemos escolher um elo ao acaso."[1] Por isso, ele afirma:

> toda a arte de um político consiste em encontrar e agarrar com força o elo que menos possa ser arrancado de suas mãos, que seja o mais importante em um determinado momento, que melhor garanta, ao seu possuidor, se apoderar de toda a corrente.[2]

Foi justamente essa capacidade de Lenin de determinar com acerto o elo decisivo no qual deviam se concentrar as forças bolcheviques durante o período do governo provisório, governo esse consequência da revolução de fevereiro de 1917, que permitiu o rápido triunfo da primeira revolução proletária e o reconhecimento indiscutível da liderança do partido bolchevique durante os primeiros meses daquela revolução.

"Qual foi o acontecimento central de 1917?", pergunta Lenin, que responde:

> A saída da guerra. Todo o povo exigia e isso ofuscava todo o resto. A Rússia revolucionária conseguiu sair da guerra. Isso custou um tremendo esforço, mas a principal reivindicação do povo foi satisfeita, e isso nos deu todos os trunfos de que necessitamos durante muitos anos. E o povo entendeu, os camponeses viram, cada soldado que retornou da frente de combate compreendeu

---

[1] Lenin, "Informe político", (27 de março de 1922). *In* "XI Congresso do PC(b) R", t. 36, p. 270.

[2] Lenin, "Que fazer?", (fevereiro de 1902), t. 5, p. 555.

perfeitamente bem que o poder soviético era um governo mais democrático, o que estava mais próximo dos trabalhadores. Por mais bobagens e tolices que tenhamos cometido em outros campos, o fato de havermos entendido qual era a tarefa principal demonstrou que o todo estava certo.[3]

Ainda que o elo fundamental ou decisivo seja aquele que permita agarrar toda a corrente, também está correto dizer que "a resistência de uma corrente se determina pela resistência de seu elo mais fraco [...]".[4] "Se for necessário uma corrente de ferro para levantar um peso de, digamos, cem 'puds', o que aconteceria – pergunta Lenin – se substituíssemos um de seus elos por outro de madeira?" E responde: "A corrente se romperia". "Por maior que seja a resistência e a integridade de todos os outros elos da corrente, isso não resolverá o problema. Se o elo de madeira se romper, romper-se-á toda a corrente."[5] A Rússia foi esse elo de madeira da corrente imperialista. Naquele país, havia se acumulado tamanha quantidade de contradições, como vimos anteriormente, que, apesar de ser um dos países mais atrasados da Europa, foi onde aconteceu a primeira das revoluções proletárias engendradas pela guerra.

Agora, o problema do elo decisivo pode estar relacionado com a contradição principal de uma sociedade em uma determinada etapa de seu desenvolvimento, como aconteceu na revolução russa de fevereiro a outubro, em que o problema da guerra e da paz era a pedra fundamental de toda aquela situação; mas também pode não estar e se referir a contradições secundárias: a vida interna do partido, ou do governo etc.

Sabemos, por exemplo, que, quando ainda não existia um partido social-democrata unificado na Rússia, havendo apenas círculos dispersos pelo país, Lenin propôs uma tarefa principal,

---

[3]   Lenin, "XI Congresso do PC(b)R", *Op. cit.*, p. 270.
[4]   Lenin, "Informe político", (27 de março de 1922), IX Congresso do PC(b)R, t. 36, p. 270.
[5]   Lenin, 27 de maio de 1917, t. 26, p. 23.

ou elo decisivo para o trabalho: a criação de um periódico político para todo o país.

Vejamos outro exemplo: em outubro de 1921, ao fazer um balanço da nova política econômica colocada em prática em março desse mesmo ano, Lenin constata que, em vez de se fazer um intercâmbio entre produtos agrícolas e produtos industriais, como ele havia imaginado, estava se produzindo o fenômeno da compra e venda a dinheiro[6] e que somente com base nesses "princípios comerciais" a economia soviética poderia ser "reconstruída".

E argumentando contra aqueles que criticavam o Estado proletário por adotar esse tipo de medidas, que consideravam reformistas e não revolucionárias, Lenin assim se expressou: "Não basta ser revolucionário e partidário do socialismo, ou comunista em geral – escrevi em abril de 1918 em *As tarefas imediatas do poder soviético*. É necessário saber encontrar, em cada momento particular, o elo decisivo da corrente, ao qual é preciso se aferrar com todas as forças para manter toda a corrente e preparar solidamente a passagem para o elo seguinte". E adverte: "A ordem dos elos, sua forma, o modo como se relacionam, a diferença entre uns e outros na cadeia histórica dos acontecimentos não são tão simples como os elos de uma corrente forjada por um ferreiro".[7] E acrescenta:

> No momento atual, no campo das atividades de que nos ocupamos, este elo é a reanimação do comércio interior, a acertada regulamentação (direção) estatal. O comércio é o 'elo' da cadeia de acontecimentos históricos, das formas de transição de nossa construção socialista em 1921-1922, ao qual nós – o poder proletário, o partido comunista dirigente – 'devemos nos agarrar com todas as forças'. Se hoje nos 'agarramos' a este elo com suficiente força poderemos, com toda a segurança, em um futuro próximo, controlar toda a corrente. De outro modo, não

---

[6]   Lenin, "Discurso de encerramento", (29 de outubro de 1921). *In* "VII Conferência do Partido da Província de Moscou", t. 35, p. 547.

[7]   Lenin, "A importância do ouro agora e depois da vitória do socialismo", (5 de novembro de 1921), t. 35, p. 555-556..

controlaremos toda a corrente, não criaremos a base das relações econômicas e sociais socialistas.[8]

Porém, quatro meses mais tarde, Lenin faz referência a outro elo fundamental: "colocar os homens adequados nos lugares adequados para que garantam o cumprimento das resoluções". Isso significa que o elo antes indicado como decisivo deixou de sê-lo? De modo algum.

Essas palavras pertencem a um informe do Comitê Central que ele apresenta no XI Congresso de seu partido, em 27 de março de 1922, no qual analisa como foram cumpridas as tarefas determinadas. Chega à grave conclusão de que bolcheviques não sabem dirigir a economia e afirma: "Ou provamos o contrário no ano que vem, ou o poder soviético não poderá existir..." E mais adiante diz: "Agora – e com isto gostaria de resumir meu informe – o essencial não é que tenhamos mudado nossa orientação política [...] o essencial na presente situação são os homens, a correta seleção dos homens".[9] E, contra aqueles que pensam que se trata de reorganizar as instituições, acrescenta: "[...] não devemos nos preocupar com este elo, que não é o essencial. O essencial é que não temos os homens certos nos lugares certos..." Para militantes, que se saíram magnificamente bem em etapas anteriores, foram distribuídas tarefas econômicas sobre as quais eles nada sabem. Lenin termina dizendo: "Selecionem os homens adequados e estabeleçam o controle prático. É isso o que o povo aplaudirá".

Determinar o elo decisivo ou principal, aquele que é preciso agarrar para dominar toda a corrente equivale, então, a determinar o centro de gravidade do trabalho da vanguarda, de acordo com as condições peculiares da situação analisada, isto é, equivale a definir

---

[8] *Ibid.*
[9] Lenin, "XI Congresso...", *Op. cit.*, p. 270-271.

"a pedra fundamental" ou "tarefa principal"[10] em cada situação política concreta, tarefa na qual se deve concentrar o máximo das forças disponíveis.

> Vencemos – diz Lenin em fevereiro de 1920, depois da derrota de Denikin – porque sempre determinamos corretamente a tarefa mais inadiável, mais vital e mais urgente, e realmente concentramos nessa tarefa as forças de todos os trabalhadores, de todo o povo.[11]

> Nossas vitórias se deveram [...] à nossa capacidade de explicar às massas por que, num certo momento, era preciso empenhar todas as forças primeiro em um e depois em outro aspecto do trabalho soviético; à nossa capacidade de estimular a energia, o heroísmo e o entusiasmo das massas e de concentrar até o menor esforço revolucionário na tarefa mais importante do momento.[12]

A revolução russa conseguiu concentrar todas as forças disponíveis nos problemas principais e resolvê-los, coisa que os países capitalistas não puderam fazer por haver neles uma separação entre o governo e o povo. "Os problemas mais importantes – a guerra, a paz, os problemas diplomáticos – são resolvidos por um insignificante punhado de capitalistas, que não somente enganam as massas, mas também, inclusive, com frequência, enganam o Parlamento" – diz Lenin, acrescentando: "Em nosso país, ao contrário, todo o aparelho do poder estatal, toda a atenção dos operários com consciência de classe concentra-se integral e exclusivamente no problema principal e central, na tarefa essencial [...]".[13]

---

[10] Lenin, "Reunião conjunta do CEC de toda a Rússia, do Soviete de Deputados operários e camponeses e do Exército Vermelho de Moscou e dos sindicatos operários", (4 de junho de 1920), t. 29, p. 206.

[11] Lenin, "Carta às organizações do PC(b)R", (entre 16 e 17 de fevereiro de 1920), t. 32, p. 389.

[12] Lenin, "A luta para superar a crise do combustível", (13 de novembro de 1919), t. 32, p. 119.

[13] Lenin, "IX Congresso do PC(b)R", (5 de abril de 1920), t. 33, p. 71.

2. FLEXIBILIDADE NA CONDUÇÃO POLÍTICA

A estratégia e a tática fazem parte da ciência da direção política revolucionária. Para que esta possa ser considerada uma ciência, o marxismo exige da vanguarda "uma análise rigorosamente exata e objetivamente verificável das relações de classe e das características concretas próprias de cada momento histórico [...]".[14] E, a propósito disso, Lenin lembra como Marx e Engels ridicularizavam aqueles que aprendiam e repetiam de cor "fórmulas" que, no melhor dos casos, "só podem apontar tarefas gerais, necessariamente modificáveis pela situação econômica e política concreta de cada período particular do processo histórico". "Nossa doutrina não é um dogma, mas um guia para a ação",[15] diziam os fundadores do marxismo.

E por isso acrescenta: a "tarefa mais difícil nas transformações e nas mudanças bruscas da vida social é levar em conta as características peculiares de cada transição". "Toda a dificuldade da política e da arte da política está na capacidade de saber levar em conta as tarefas específicas de cada uma dessas transições"[16] ou mudanças bruscas.

Quatro anos de revolução vitoriosa mostram aos bolcheviques a necessidade de serem capazes de reorientar seu trabalho de acordo

---

[14] Lenin, "Cartas sobre a tática", (8-13 de abril de 1917), t. 24, p. 458.

[15] *Ibid.*

[16] Lenin, "Informe sobre o trabalho do CEC de toda a Rússia e do CCP na primeira sessão do CEC de toda a Rússia, da VII legislatura", (2 de fevereiro de 1920), t. 32, p. 348.

com as necessidades colocadas pelas novas situações, na maior parte dos casos alheias à sua vontade: seja pelo tipo de estratégia adotada pelo inimigo em sua luta contra o poder soviético, seja pela própria incompetência dos bolcheviques na construção da nova sociedade.

Devido à sua coerência revolucionária, os inimigos os rotularam de "duros como rocha" e de "inflexíveis",[17] mas Lenin afirma que, de fato, os bolcheviques aprenderam uma arte que é imprescindível à condução revolucionária: a "flexibilidade, a habilidade para realizar mudanças rápidas e repentinas de tática se as condições objetivas assim exigirem, assim como para escolher outro caminho" para atingir seus "objetivos" se o que haviam aprendido não era "conveniente ou possível em um período determinado".[18]

A primeira "mudança histórica" que o poder soviético realiza em relação à forma de levar adiante a construção do socialismo dá-se em março de 1918. Essa mudança, que constitui a característica particular desse momento político, exige, segundo Lenin, "uma nova orientação do poder soviético, isto é, uma nova definição das novas tarefas".[19]

Até então, a tarefa principal tinha sido a de destruir a resistência dos exploradores, o que implicou numa grande ofensiva contra o capital e na conclusão da expropriação de seus meios de produção. "Enquanto a resistência dos exploradores assumia ainda a forma de guerra civil aberta", a tarefa de organizar o governo da Rússia, presente desde a vitória da revolução, não pôde se transformar "na tarefa principal, central".[20] Mas agora esse momento chegou – diz Lenin. E, para governar temos de ser capazes de "organizar o traba-

---

[17] Lenin, "Ante o IV Aniversário da Revolução de Outubro", (18 de outubro de 1921), t. 35, p. 491.
[18] *Op. cit.*, p. 491-492.
[19] Lenin, "As tarefas imediatas do poder soviético", (28 de março de 1918), t. 28, p. 449.
[20] *Ibid.*

lho de um modo prático". "A tarefa do dia é restabelecer as forças produtivas destruídas pela guerra e pelo governo da burguesia."[21]

Mas essa tarefa não pode ser realizada se continuamos expropriando os capitalistas e se não formos capazes de estabelecer "o registro e o controle daquelas empresas, daqueles ramos e setores da economia" que foram confiscados da burguesia, sem o que não se pode sequer falar da segunda condição material para implantar o socialismo: o aumento da produtividade do trabalho em escala nacional.

Se considerarmos "a característica da situação atual", para "avançar com êxito no futuro" devemos, neste momento, interromper a ofensiva.

> Isso pode ser explicado comparando nossa situação na guerra contra o capital com a situação de um exército vitorioso, que se apoderou, digamos, da metade ou de dois terços do território inimigo e se vê obrigado a deter o avanço para reunir suas forças, aumentar seu abastecimento, restabelecer e reforçar as linhas de comunicação, construir novos depósitos, incorporar novos reservistas etc. Precisamente para conquistar o restante do território inimigo, ou seja, para conseguir a vitória completa, é necessária a interrupção da ofensiva de um exército vitorioso, em tais condições. Aqueles que não compreenderam que a situação objetiva no momento atual nos impõe a 'interrupção' da ofensiva contra o capital, não compreenderam nada da situação política atual.
> É claro que só se pode falar de uma 'interrupção', entre aspas, da ofensiva contra o capital, isto é, somente como metáfora. No curso de uma guerra, pode-se dar uma ordem geral sobre a interrupção da ofensiva e se pode, efetivamente, deter o avanço. Na guerra contra o capital, não é possível deter o avanço e não se admite sequer falar em interromper a expropriação do capital. O que estamos debatendo é a mudança do centro de gravidade de nosso trabalho econômico e político. Até agora destacavam-se em primeiro plano as medidas destinadas à expropriação imediata dos capitalistas. Hoje, colocamos em primeiro plano a organização do registro e o controle daquelas empresas já expropriadas dos capitalistas e de todas as demais empresas.[22]

---

[21] *Op. cit.*, p. 451.
[22] *Op. cit.*, p. 453-454.

E mais adiante acrescenta: "O ataque 'à maneira dos guardas vermelhos' contra o capital foi eficaz e vitorioso porque vencemos tanto a resistência militar do capital quanto sua resistência por meio da sabotagem".

> Isso quer dizer, por acaso, que o ataque à moda dos guardas-vermelhos contra o capital é sempre apropriado? Que esse tipo de ataque é apropriado em todas as circunstâncias? Que não dispomos de outros meios de luta contra o capital? Seria infantil pensar desse modo. Alcançamos a vitória com a ajuda da cavalaria ligeira, mas também temos artilharia pesada. Temos obtido êxito com métodos repressivos, mas também podemos obter êxitos com métodos legais. Devemos saber modificar os métodos de luta contra o inimigo quando circunstâncias se modificarem [...] não seremos tão ingênuos a ponto de colocar em prática, em primeiro lugar, os métodos de luta dos guardas vermelhos em momentos que, no fundamental, a época em que tais ataques eram necessários já terminou (e terminou vitoriosamente), e se inicia uma época em que o poder estatal deve se utilizar de técnicos burgueses com a finalidade de suprir as necessidades apresentadas nos vários setores para que neles não se desenvolva nenhum tipo de influência burguesa.
>
> Esta é uma época específica, ou melhor, uma etapa específica do desenvolvimento, e para derrotar definitivamente o capital temos de saber adaptar as formas de nossa luta às condições próprias desta etapa.[23]

Outro exemplo de flexibilidade política foi dado por Lenin quando, nessa mesma época, pelo fato de o proletariado russo não ter conseguido executar a tarefa do registro e do controle nos primeiros meses da difícil luta frente à resistência contrarrevolucionária, o poder soviético se viu obrigado a recorrer a técnicos burgueses. Mas não como Lenin havia imaginado em *O Estado e a Revolução*, submetendo-os à disciplina e ao controle proletários, mas ao modo "burguês", pagando-lhes altos salários, isto é, realizando um compromisso com eles.

---

[23] *Op. cit.*, p. 455-456.

Este passo, diz Lenin, afasta-se dos princípios da Comuna de Paris, que exigem que todos os salários estejam no nível do salário do operário.

> Mas isso não é tudo. É evidente que tal medida não é apenas uma interrupção [...] da ofensiva contra o capital (já que o capital não é uma soma em dinheiro, mas determinadas relações sociais), mas também é um passo atrás dado pelo nosso poder estatal socialista, soviético, que, desde o primeiro momento, proclamou e deu seguimento à política de redução dos salários elevados com base no salário do operário médio.
>
> É necessário – dirá Lenin dois anos mais tarde – unir o compromisso absoluto com as ideias comunistas à habilidade de realizar todos os compromissos práticos necessários, como manobras, acordos, ziguezagues, recuos etc.[24]

A ciência política revolucionária, "que se baseia em uma apreciação objetivamente correta das forças e tendências das diferentes classes" seria degradada, afirma Lenin, se fosse transformada "em um simples dogma livresco".[25] "A política – insiste – exige respostas diretas, lancinantes, ao passo que os intelectuais muitas vezes limitam-se a dar voltas ao assunto."[26]

Por isso, as "tarefas políticas concretas devem sempre ser estabelecidas para uma situação concreta", porque tudo "é relativo, tudo flui, tudo se modifica", e aquilo que é correto para um país pode não ser para outro país, assim como o que é correto em uma determinada situação política, em um mesmo país, pode não ser em outra situação.[27]

Daí a conclusão de Lenin: "Não existe verdade abstrata; a verdade é sempre concreta".[28]

---

[24] Lenin, "O 'esquerdismo'...", *Op. cit.*, p. 202.
[25] Lenin, "Novas tarefas e novas forças", (23 de fevereiro de 1905), t. 8, p. 224.
[26] Lenin, "A estrutura social do poder", (4 de março de 1911), t. 17, p. 145.
[27] Lenin, "Duas táticas da social-democracia...", *Op. cit.*, p. 81.
[28] Lenin, "Atitude para com os partidos burgueses", (21-25 de maio de 1907), t. 12, p. 477.

Nada pode, portanto, substituir a análise concreta da situação concreta. Por isso, quem não conhecer profundamente seu país, suas tradições históricas, a dinâmica do desenvolvimento de suas classes sociais, as formas que o enfrentamento entre as classes adota no momento e, por último, o estado de ânimo da vanguarda e das amplas massas populares, não pode imprimir uma direção política justa à luta revolucionária, capaz de conduzi-la à vitória.